Sylvia Wetzel

Worte wirken Wunder

Reden mit Herz und Verstand

HERDER

FREIBURG · BASEL · WIEN

Titel der Originalausgabe:
Worte wirken Wunder – Reden mit Herz und Verstand
© 2007 Theseus Verlag in der Verlag Kreuz GmbH, Stuttgart

Taschenbuchausgabe mit freundlicher Genehmigung des Theseus Verlags
© Verlag Herder GmbH, Freiburg im Breisgau 2010
Alle Rechte vorbehalten
www.herder.de

Umschlagkonzeption und -gestaltung:
R·M·E Eschlbeck / Hanel / Gober
Umschlagmotiv: © Getty Images

Gesamtherstellung: fgb · freiburger graphische betriebe 2010
www.fgb.de

Gedruckt auf umweltfreundlichem, chlorfrei gebleichtem Papier
Printed in Germany

ISBN 978-3-451-0672-4

Inhalt

Einführung

Worte können Wunder wirken. Manchmal bewirken sie auch Katastrophen. Das geschieht dann, wenn entweder das Herz fehlt oder der Verstand. Worte wirken Wunder, wenn wir mit Herz und Verstand reden. Mit Herz meine ich ein Gefühl der tiefen Verbundenheit mit allem, das Gespür für den gemeinsamen Grund, aus dem heraus wir in jedem Augenblick entstehen und in dem wir leben. Der Verstand steht für den klaren Blick auf unsere Stärken und Schwächen und Unterschiede. Das Schöne am Verstand ist, dass er seine Grenzen erkennen kann. Wenn wir tief verstehen, dass wir das Leben nie – auch mit dem Verstand nicht – in den Griff bekommen können, übernimmt das Herz, das sich verbunden »weiß« die Führung im Leben.

Ein gutes Einvernehmen zwischen Herz und Verstand ist die Grundlage für ein gutes Miteinander und für konstruktive Kommunikation. Eine weitere wichtige Voraussetzung ist ein wachsendes Bewusstsein für das, was wir sagen, tun und denken, wie wir das tun und welche Folgen es nach sich zieht. Warum wissen wir oft nicht, was wir tun? Und warum halten wir uns nicht an das, was wir wissen? Warum verhalten wir uns anders, als wir denken? Wie können wir das erkennen und mehr das tun, was wir für richtig und gut halten? Im Buddhismus gibt es wie in anderen religiösen Traditionen auch Regeln oder Richtlinien, die dafür eine Orientierung bieten. Auf das Reden bezogen empfiehlt er: Nicht lügen und nicht mit Worten und Gesten verletzen, nicht verleumden und klatschen und nicht sinnlos reden. Stattdessen sollten wir uns bemühen zu sagen, was wahr ist und inspiriert, was versöhnt und stärkt. Wie wir das mit Humor und Klarheit, freundlich und mitfühlend, heiter und gelassen leben können, dazu will dieses Buch beitragen.

Ich möchte darin nicht den aktuellen Stand der Kommunikationsforschung referieren, sondern Thesen und Übungen vorstellen, die sich in meinen Vorträgen, in Wochenend- und Wochenkursen zu diesem Thema als praktikabel und alltagstauglich erwiesen haben.

Klare, freundliche und ehrliche Worte stärken nicht nur die Beziehung zu den Menschen, die wir mögen. Sie verbessern auch das Betriebsklima und die Stimmung im Haus und in der Nachbarschaft, und sie sind die Grundlage für tragfähige Beziehungen mit Menschen im öffentlichen Raum, in der kleinen und in der großen Politik. Wenn *wir* konstruktiv streiten und mit Unterschieden leben können, können das auch die Menschen lernen, die uns politisch vertreten.

Zu den Übungen

Dieses Buch enthält eine Vielzahl von Übungen, die Ihnen dabei helfen sollen, sich selbst und Ihren Umgang mit Worten und Konfliktsituationen, alte Muster und Gewohnheiten näher kennen zu lernen und tiefer zu erforschen, und die Sie ermutigen wollen, Neues in Wort und Tat auszuprobieren.

Sie können alle Übungen in diesem Buch auf dem Sofa durchführen. Lesen Sie die Übungen zuerst ganz durch. Dann lesen Sie den ersten Satz oder Abschnitt noch einmal, schließen die Augen und lassen die Fragen auf sich wirken. Lesen Sie den nächsten Abschnitt und achten Sie entspannt auf die Bilder, Gedanken und Gefühle, die aufsteigen. Bleiben Sie am Ende einige Momente still sitzen und lassen Sie dabei die Gedanken schweifen. Es ist hilfreich, die Gedanken in ein Tagebuch niederzuschreiben und sich die Notizen in regelmäßigen Abständen wieder anzuschauen. Wenn es Ihre Zeit erlaubt, können Sie sich auch durch eine der im Folgenden beschriebenen Meditationen auf die Übungen einstimmen oder sie als regelmäßige Übung in Ihren Alltag integrieren.

Übung: Atemmeditation

... Suchen Sie sich ein ruhiges und gut gelüftetes Zimmer, wo Sie nicht gestört werden. Stellen Sie das Telefon ab. Sind Sie mit dem Bodensitz vertraut, setzen Sie sich auf Ihr Meditationskissen oder -bänkchen. Ansonsten setzen Sie sich auf einen Stuhl mit gerader Lehne oder in einen bequemen Sessel. Sie können sich auch flach auf den Boden legen, auf eine Yoga-Matte oder eine Wolldecke. Legen Sie dann ein etwa fünfzehn Zentimeter hohes Kissen unter die Knie, das entlastet den unteren Rücken. Wichtig ist, dass Sie stabil, aufrecht und bequem sitzen oder stabil, symmetrisch und bequem liegen. Wenn etwas wehtut, spüren Sie die Stelle zehn Sekunden und verändern Sie dann langsam und bewusst die Haltung.

Achten Sie zunächst auf Ihre Körperhaltung. Wenn Sie sich damit wohlfühlen, bewegen Sie sich nicht mehr und lassen Sie die Gedanken einige Momente frei schweifen. Dann richten Sie einen kleinen Teil der Aufmerksamkeit auf den Atemrhythmus, der Rest der Aufmerksamkeit ist unfokussiert und entspannt. Sei brauchen den Rhythmus nicht zu verändern. Warten Sie einfach, bis das Atmen von alleine geschieht. Sagen Sie innerlich beim Ausatmen. »Ja zum Leben«, und beim Einatmen: »Danke fürs Leben.« Tun Sie das für zehn Minuten. Wenn Sie sich in Gedanken verlieren und das nach ein paar Minuten bemerken, ordnen Sie den letzten Gedanken ein, je nachdem, woran Sie gedacht haben: Vergangenheit, Zukunft, angenehm, unangenehm, hören, spüren. Sie »benennen« dadurch Ihren Gedanken. Dann kehren Sie wieder zurück zum Atem. Zum Abschluss der Übung bleiben Sie noch eine Minute still sitzen oder liegen und lassen Sie die Gedanken schweifen. Mit zunehmender Vertrautheit werden sie von allein mit immer mehr Aufmerksamkeit beim Atem bleiben und Gedanken schneller bemerken.

Übung: Gehmeditation

... Suchen Sie sich einen vertrauten Weg und gehen Sie zehn Minuten im Normaltempo. Sprechen Sie innerlich: »Ja, danke« im Rhythmus des Gehens. »Ja« beim Aufsetzen des rechten Fußes und »danke« beim Aufsetzen des linken Fußes. Sie können das auf dem Weg zur Arbeit oder beim Spaziergang mit dem Hund als regelmäßige Übung in Ihr Leben einbauen. Wenn Sie alleine draußen sind, einen Garten, einen langen Flur oder ein großes Zimmer in der Wohnung haben, können Sie auch zehn Minuten in Zeitlupe hin- und hergehen. Nehmen Sie sich dafür eine Strecke von zwanzig Schritten. Sagen Sie innerlich beim Aufsetzen des rechten Fußes: »Ja zum Leben«, und beim Aufsetzen des linken Fußes: »Danke fürs Leben.« Wenn Sie Gedanken bemerken, »benennen« Sie diese wie bei der Atemmeditation.

Übung: Sternstunden

... Denken Sie an eine kleine Situation der letzten Tage, in der Sie sich wohlgefühlt haben, und fragen Sie sich: »Was genau hat die angenehmen Gefühle hervorgerufen? Was war der Anlass? Was spielte mit? War ich draußen in der Natur oder drinnen? Allein oder mit anderen zusammen? In Ruhe oder habe ich etwas getan? War es eine vertraute Situation oder eine ungewohnte? Was empfand ich als besonders wohltuend?« Denken Sie an eine ähnliche Erfahrung und stellen Sie sich die gleichen Fragen. Zum Schluss fragen Sie sich:

»Kann ich etwas tun oder lassen, um solchen Erfahrungen mehr Raum zu geben? Kann ich heute etwas tun? Und morgen? Und übermorgen? Wer oder was könnte mich dabei unterstützen und inspirieren?«

Die folgende Übung probieren Sie am besten aus, wenn Sie schon etwas vertraut mit den Übungen sind.

Übung: Motivation und Widmung

... Zu Beginn einer Meditationsübung fragen Sie sich nach Ihrer Motivation: »Warum sitze ich jetzt hier? Was wünsche ich mir? Was soll mir diese Meditation oder Übung geben?« Sie nehmen alle Gedanken freundlich wahr: »Ich weiß auch nicht. Weil ich mir das vorgenommen habe. Weil ich nervös bin und Ruhe suche.« Nehmen Sie Ihre Motive zur Kenntnis und erweitern Sie sie mit Gedanken, die Sie inspirieren. Das kann so aussehen: »Möge die Übung mein Herz öffnen und den Geist klären. Möge sie mich dabei unterstützen, meine Meinung deutlich zu spüren und sie angemessen auszudrücken. Möge sie mir helfen, besser zuzuhören und andere nicht mit meinen Ansichten zu überfahren.« Dann machen Sie eine Übung aus diesem Buch. Zum Abschluss geben Sie den Erfahrungen eine Richtung. Im Buddhismus nennt man das »Widmung«. Man »teilt« die guten Erfahrungen und Einsichten mit allen Lebewesen. Man kann die Widmung auf die konkrete Übung und das eigene Leben beziehen und sich fragen: »Wie soll sich diese Übung auf mein Leben auswirken?« Dann kann man die Widmung formulieren. Das kann so aussehen: »Möge diese Übung mich dabei unterstützen, dass ich immer wieder innehalten und meine Einstellung und meine Motive in Gesprächen bemerke. Möge das allen Menschen gelingen.«

Reden mit Worten und ohne Worte

Eins: Ich höre was, was du nicht hörst

Im ersten Teil dieses Buches geht es um vier Dinge. Wir fragen zunächst, was *Reden* eigentlich ist und was in einem Gespräch außer den Worten sonst noch mitspielt. Dann untersuchen wir die *Motive*, aus denen heraus wir reden. Es folgen einige Überlegungen zum Nutzen von Regeln und *Spielregeln*. Allgemein gesagt, können Regeln uns helfen zu bemerken, was wir denken, sagen und tun. Ein Blick auf die Macht der *Gewohnheiten* zeigt, dass uns die in diesem Buch vorgestellten Übungen der rechten Rede nicht nur in jungen Jahren das Leben leichter machen, sondern auch eine sehr gute Altersvorsorge sind.

1. Reden

Ich höre was, was du nicht hörst

Was geschieht eigentlich, wenn wir miteinander reden? Wir tauschen uns aus mit Worten und ohne Worte. Eine Faustregel besagt, dass nur rund zehn Prozent dessen, was wir mitteilen, über den Inhalt der Worte transportiert wird. Die restlichen neunzig Prozent kann man nur zum Teil hören und sehen, ein großer Teil bleibt aber unsichtbar und unhörbar. Wir hören die Stimme und sehen die Bewegung der Hände, den Gesichtsausdruck und die Körperhaltung der anderen Person. Teilweise unsichtbar und unhörbar bleiben unsere bewussten Absichten und unbewussten

Einstellungen, verborgenen Motive und kulturellen Grundhaltungen. Und doch nehmen wir diese verborgenen Botschaften wahr, wenn auch oft nicht bewusst. Der jüdische Religionsphilosoph Martin Buber sagte scherzhaft, wenn sich zwei begegnen, begegnen sich eigentlich vier und mehr Personen. Wir begegnen einander mit dem, was wir voneinander wissen und erwarten, und auch mit dem, was wir voneinander nicht wissen.

Wenn wir miteinander reden, geht es zum zweierlei: Um das konkrete Redeverhalten und um das, was wir nicht sagen oder nicht wissen, was wir aber dennoch mitteilen. Wir können uns das in zwei Übungen genauer anschauen. In der ersten Übung geht es um Ihren Redestil und in der zweiten um ein konkretes Gespräch.

Übung: Mein Redestil

... Denken Sie an einen Menschen, mit dem Sie häufiger reden, und fragen Sie sich: »Worüber sprechen wir gerne? Worüber reden wir nicht gerne? Wie reden wir miteinander? Wie wirkt mein Reden auf mich selbst und auf die anderen Beteiligten? Was stört mich? Was finde ich inspirierend, hilfreich, wohltuend? Rede ich viel oder höre ich eher zu? Stelle ich gerne Thesen auf? Welche Worte benutze ich? Eher einfache und sachliche? Erzähle ich gerne Geschichten und verwende poetische Bilder? Schätze ich komplexe Gespräche? Mag ich einen wissenschaftlichen Stil?« Dann können Sie an eine zweite Person denken, mit der Sie häufig in Kontakt sind, und sich die gleichen Fragen stellen.

Übung: Das letzte private Gespräch

... Denken Sie an das letzte Gespräch mit einer vertrauten Person und fragen Sie sich: »Worüber haben wir gesprochen? Habe ich vor allem geredet oder eher zugehört? Wie haben wir gesprochen? Sachlich oder emotional? Habe ich Anekdoten erzählt oder Thesen aufgestellt und Ratschläge gegeben? Wie habe ich mich während des Gesprächs gefühlt und wie danach? Wie erging es wohl der anderen Person?« Wie können wir das entdecken, was wir in unseren Gesprächen weder sehen noch hören können?

Übung: Motive

... Denken Sie an ein Gespräch der letzten Tage und fragen Sie sich: »Habe ich eher über die andere Person nachgedacht oder über mich? Über die Themen oder über Stimmung? Hatte ich etwas Wichtiges zu sagen oder habe ich eher aus Unruhe und Unsicherheit geredet? Aus Langeweile oder aus Anpassung, weil die anderen auch geredet haben? Habe ich manchmal nichts gesagt, weil ich davon überzeugt bin, niemand habe mein Niveau? Oder habe ich mich den anderen nicht gewachsen gefühlt?« Vielleicht mögen Sie noch an eine weitere Gesprächssituation mit einem anderen Menschen denken und sich die gleichen Fragen stellen.

Unsere Einstellungen und Motive beim Reden werden von vielen Faktoren geprägt. Vier davon möchte ich in diesem Kapitel kurz ansprechen, und ich werde sie immer wieder aufnehmen und einzelne Aspekte näher erläutern Es sind: körperliche und verbale Gewohnheiten, emotionale Muster und Selbstbilder, das Gefühl der essentiellen Getrenntheit und der fehlende Bezug zu dem, was Buddhisten das »Ungeborene«, »Buddha-Natur« oder »Wahres Wesen« nennen, die Christen »Gott« und die Philosophen »Transzendenz«.

Dass *Gewohnheiten* unser konkretes Verhalten und unsere Redestile prägen, wissen wir. Wir haben als Kinder und

Jugendliche unterschiedliche Redestille kennen gelernt und eingeübt, und wir tun das während unseres ganzen Lebens. Auch unsere *emotionalen Gewohnheiten* und unsere Persönlichkeit spielen eine wichtige Rolle. Sind wir eher ängstlich oder selbstbewusst, eher fordernd und extrovertiert oder zurückhaltend und introvertiert, eher aggressiv oder depressiv? Die emotionalen Muster hängen eng mit unserem *Selbstbild* und allgemeinen Lebensgefühl zusammen. Wie sieht unser Selbstbild aus? Kennen wir unsere Stärken und Schwächen? Können wir damit leben? Oder »zwingen« uns persönliche und kulturelle Minderwertigkeitsgefühle zu hohen Idealen und Ansprüchen, die wir nie erreichen? Selbstbilder und emotionale Muster sind nicht einfach zu erkennen und nur schwer zu verändern.

Warum aber halten wir überhaupt an Selbstbildern fest, die uns einengen oder überfordern? Den buddhistischen Lehren zufolge hängt das mit unserem grundlegenden Lebensgefühl zusammen. Fühlen wir uns zuhause und beheimatet in der Welt oder isoliert und essentiell getrennt von unseren Mitmenschen, von Natur und Kultur?

Auf einer bestimmten Ebene – der horizontalen Dimension – sind wir alle verschieden voneinander und existentiell getrennt. Jeder Mensch ist einzigartig und besonders. Doch trotz dieser existentiellen Getrenntheit sind wir essentiell zutiefst miteinander verbunden.

Unsere essentielle Verbundenheit wird spürbar durch das, was in westlich-abendländischen Begriffen Zugang zur »Transzendenz«, zur »Tiefendimension« oder zum »göttlichen Urgrund« heißt, zum »Umgreifenden« (Karl Jaspers), zum »Unbedingten« oder zur »vertikalen Dimension« des Lebens (Paul Tillich), in buddhistischen Begriffen zur »Tiefendimension des Geistes«, zu unserem »wahren Wesen«, zur »Natur des Geistes«, zur »Buddha-Natur«. Diese Verbundenheit manifestiert sich als Vertrauen in die unfassbare Grundlage des Lebens, in die Quelle von Kraft und Lebendigkeit, von Liebe und Freude, von Bedeutung und Wahrheit. Ohne Zugang zu dieser Dimension fühlen wir uns nicht zuhause in uns und in der Welt. Das, was kommt und geht und unbeständig ist, das »Bedingte«, also Menschen und Dinge, Natur und Kultur, kann uns keine letztendliche Sicherheit geben. Wir können den ständigen Wandel aber nur dann wirklich annehmen und wertschätzen, wenn wir Vertrauen in unser wahres Wesen haben.

Ohne Vertrauen in den gemeinsamen Grund fehlt uns auch der Boden für konstruktive Begegnungen mit anderen Menschen. Wir brauchen Vertrauen zu uns und anderen, damit wir uns in Liebe begegnen und Unterschiede spüren und ausdrücken, Gegensätze und Konflikte aushalten und konstruktiv streiten können. Ohne ein tiefes Gefühl der essentiellen Verbundenheit mit vertrauten und mit fremden Menschen wird ein Konflikt schnell zum unversöhnlichen Streit – und zum Krieg.

Im Leben mit Menschen und Tieren, Natur und Welt »spüren« wir das Unbedingte als Gefühl der Verbundenheit mit anderen und in uns selbst als Urvertrauen. Beides – Verbundenheit und Urvertrauen – brauchen wir, damit wir als Unterschiedliche, als »Menschen im Plural« (Hannah Arendt) miteinander leben – und reden können.

Mit Vertrauen in uns und in die Welt können wir Stärken sehen und Schwächen mit relativer Gelassenheit annehmen, bei uns und anderen, und das Beste daraus machen. Vertrauen ist allerdings auch kulturell geprägt. Das kann man besonders gut bei den Geschlechterrollen sehen. Frauen und Männer haben trotz aller Fortschritte und Bemühungen immer noch unterschiedliche Startchancen und Lebensbedingungen, und das wirkt sich auf das Selbstbild und damit auf das Redeverhalten aus. Auch wenn Mädchen in der Regel früher sprechen und sich auch als Heranwachsende besser ausdrücken können, hören Männer noch immer eher auf das, was Männer sagen.

Hinter dem »allgemeinen Menschen« verbirgt sich immer noch fast überall der Mann. So sollen Frauen im Beruf und in der Öffentlichkeit »ihren Mann« stehen, von den Männern erwartet man aber in der Regel nicht, dass sie in der Erziehung und zuhause » ihre Frau« stehen.

Frauen tendieren dazu, ihre Stärken für selbstverständlich zu halten oder zu relativieren. Es fällt ihnen schwer, ihre Stärken gut zu »verkaufen«. Viele Männer neigen zum gegenteiligen Verhalten. Misserfolge sind auf diese Weise vorprogrammiert, und sie verstärken die kulturell bedingte Mangelidentität von Frauen. Arroganz auf der einen, Minderwertigkeitsgefühle und Ängste auf der anderen Seite behindern entspannte Begegnungen und konstruktive Gespräche. Das belastet, ist aber kein Naturgesetz. Wenn wir unsere individuellen und kulturellen Muster erkennen, können wir mit ihnen arbeiten und sie mit Geduld und Humor verändern.

Da es oft leichter ist, das Selbstwertgefühl und die Selbstbilder bei anderen zu erkennen, setzt die folgende Übung da an.

Übung: Selbstbilder

... Wir denken an das letzte Gespräch mit einer Arbeitskollegin oder mit einem Nachbarn und fragen uns: »Was für ein Selbstbild hat mein Gegenüber? Was spielt mit? Gesundes Selbstvertrauen? Berufliche Kompetenz? Hohe Ansprüche an sich selbst? Hohe Erwartungen an andere? Zuverlässigkeit? Hohe Leistungsbereitschaft? Was fehlt? Was ist nur in geringem Maße vorhanden?« Wir fragen weiter: »Wie sieht das bei mir aus? Was spielt mit, wenn ich Menschen begegne, die mir nicht so vertraut sind?«

Übung: Stärken und Schwächen

... Wir fragen uns: »Was sind meine Stärken und Schwächen? Wer kennt die Stärken und wer darf die Schwächen sehen? Definiere ich mich häufiger über meine Stärken oder über meine Schwächen? Wie ist mein allgemeines Lebensgefühl?« Dann denken wir an eine nahe Person, eine gute Freundin, einen Arbeitskollegen oder eine Nachbarin und fragen sie innerlich: »Was sind deine Stärken und Schwächen? Wem zeigst du deine Stärken? Wem zeigst du deine Schwächen? Wie ist dein Lebensgefühl?«

2. Motive

Tu Gutes, meide das Böse und zähme deinen Geist. (Buddha)

Einst wurde der Buddha von einem Kaufmann gefragt: »Erhabener, was ist die Essenz deiner Lehre?« Der Buddha sprach: »Tu Gutes, meide das Böse und zähme deinen Geist.« Der Kaufmann entgegnete: »Aber das weiß doch jedes fünfjährige Kind.« Da sprach der Buddha: »Aber noch mit achtzig hält sich kaum jemand daran.«

Wenn wir Menschen begegnen und mit ihnen reden, sind uns einige »unsichtbare« Faktoren bewusst. Wir sprechen über den nächsten Urlaub oder ein neues Projekt und wissen, dass wir unser Gegenüber mögen, auch wenn wir das nicht in Worten ausdrücken. Manchmal sind wir betont höflich zu einem geschwätzigen Nachbarn und spüren gleichzeitig unsere Unruhe und eine leise Abwehr. Das sind einfache Situationen. Was wir spüren und erkennen, blockiert die Kommunikation in der Regel nicht. Sowohl Zuneigung als auch ein Bemühen um Höflichkeit kommen bei den anderen an. Der Sand im Getriebe unserer Begegnungen sind unbewusste Einstellungen und

Motive, unklares Verhalten und ungeschickte Worte. Manchmal haben wir beste Absichten, und die Freundin kriegt unsere Worte in den falschen Hals.

Der Buddhismus lehrt eine einfache Faustregel: Wenn unsere Einstellung von Gier, Hass und Verblendung bestimmt ist, verletzen wir mit unserem Verhalten uns und andere. Das gilt nicht nur für das, was wir sichtbar tun und hörbar sagen, sondern auch für das, was wir heimlich und bewusst oder völlig unbewusst und automatisch denken und fühlen. Wir können statt Gier, Hass und Verblendung auch »sanftere« Begriffe verwenden: Haben wollen, nicht haben wollen und Ignoranz. Kurz gesagt: Wir hängen an Menschen und Dingen, lehnen vieles ab und sind ignorant, das heißt gleichgültig, rechthaberisch, stur oder schlicht unbewusst.

Die eigenen Motive erkennen ist nicht einfach. Es braucht Übung, und wir müssen immer wieder geduldig hinschauen und spüren und unsere Erfahrungen hinterfragen. Aber alles, was uns bewegt und antreibt, verunsichert oder ängstigt, wirkt sich aus, auch wenn wir es nicht kennen und bemerken. Um unbewusste Einstellungen und verborgene Motive zu entdecken, brauchen wir weder Abitur noch viele Bücher und kluge Ideen. Interesse an uns und der Welt, Geduld und Aufrichtigkeit und regelmäßige und systematische Selbstbeobachtung sind die entscheidenden Voraussetzungen. Verständliche Thesen und geeignete Übungen können uns bei dieser Innenschau unterstützen.

Die unmittelbare Wirkung unseres Redens können wir im Allgemeinen leichter beobachten, als unsere möglicherweise unbewussten Motive erkennen. Wir fragen uns schlicht: »Wie wirkt das, was ich sage, auf meine Mitmenschen, und wie wirkt es auf mich selbst?« Damit erfassen wir zwar nicht alle Folgen unseres Redens, aber einen wichtigen Teil. Wird die Situation durch unsere Worte klarer? Dann »heilen« unsere Worte. Vielleicht haben wir sogar lauter und leidenschaftlicher als üblich geredet oder sogar richtig geschimpft. Wenn die Luft danach wieder rein ist und die Beteiligten besser verstehen, was los ist, war das auch im Sinne des Buddhismus »heilsame« Rede. Wenn wir liebenswürdig säuseln und mit sanfter Stimme verlogene Komplimente machen, kann das »unheilsam« sein. Wenn die Beteiligten hinterher genauso schlau sind wie zuvor, haben die freundlichen Worte nicht geholfen. Wir können nicht einfach sagen: »Schimpfen ist schlecht und Komplimente sind gut.« So einfach ist das Leben nicht. Wir müssen genau hinschauen, wie unsere Worte auf uns und andere wirken, und zwar nicht nur kurzfristig, sondern auch mittel- und langfristig.

Worte können unser Herz öffnen oder verschließen. Sie können das Gefühl der Verbundenheit mit anderen stärken oder schwächen oder sogar ganz blockieren. Wir können mit Worten eigene Erfahrungen und die von anderen leugnen oder bestätigen. Wir können Beziehungen klären oder Verwirrung säen. Worte können uns beruhigen und Vertrauen wecken. Sie können inspirieren, neue Wege zeigen und schlafende Fähigkeiten wecken. Und Worte können uns in Angst und Schrecken versetzen und tiefe Wunden schlagen. Worte können sogar töten. Wie unser Reden wirkt, hängt also nicht nur von dem ab, was wir tatsächlich sagen, sondern auch von der Einstellung, mit der wir reden.

Was nützt es, wenn wir die Auswirkungen unseres Redens auf uns und andere beobachten? Wir können unser Verhalten doch nicht sofort verändern und nur noch als wandelnde Inspirationsquelle durchs Leben gehen. Wenn wir auf die *Folgen* und Auswirkungen unseres Redens achten, dann erhalten wir einen Hinweis auf die uns oft gar nicht so bewussten Motive unseres Handelns. Ganz schlicht lehrt der Buddha: Heilsame Motive führen zu Glück, unheilsame Motive zu Leiden. Die Faustregel lautet: Wenn unser Reden uns oder anderen wehtut, war die Motivation unheilsam. Sie war »vergiftet« von Habenwollen, Abwehr oder

Ignoranz. Die Art des Leidens kann variieren. Wir langweilen uns nur oder verstehen nichts, wir ärgern uns, sind enttäuscht und regredieren auf das Niveau von Kleinkindern. Wie können wir überprüfen, ob unsere Motivation heilsam oder unheilsam war, wie können wir sie verändern? Der Ratschlag des Buddha ist so einfach wie praktisch: Wir experimentieren mit den Richtlinien oder Regeln, die der Buddha zum heilsamen Sprechen entwickelt hat, und können am eigenen Leib erfahren, wie Worte verletzen oder gut tun, wie sie zerstören oder heilen.

Ein Leben mit ethischen Regeln ist eine große Hilfe bei der Entdeckung unserer unbewussten Motive. Es gibt in der buddhistischen Tradition fünf ethische Regeln für Laien und zehn Empfehlungen für das heilsame Handeln mit Körper, Rede und Geist für alle Übenden. Die *fünf Regeln* sind: Wir versuchen, fünf Handlungen zu vermeiden: Töten, Stehlen, Lügen, sexuelle Ausbeutung und Gewalt und den Konsum von Drogen und Alkohol. Stattdessen üben wir uns in fünf Handlungen: Leben schützen, großzügig geben und einfach leben, die Wahrheit sagen, Beziehungen achten und Herz und Geist durch Meditation klären. Die *zehn Empfehlungen* sind: Wir bemühen uns, zehn Handlungen zu vermeiden. Mit dem Körper: Töten, Stehlen und sexuelle Ausbeutung und Gewalt. Mit der Rede: (s. u.). Mit Herz und Geist: Habsucht, Böswilligkeit, destruktive Gedanken und geistige Sturheit. Wir bemühen uns stattdessen um die zehn entsprechenden heilsamen Handlungen. Als heilsame Handlungen des Geistes gelten: Großzügigkeit und Einfachheit, Freundlichkeit, konstruktive Gedanken und das Überprüfen unserer Ansichten.

Vier der zehn Empfehlungen beziehen sich auf das Reden. Sie wurden bereits in der Einführung genannt und werden detailliert in den Kapiteln fünf bis acht vorgestellt. Kurz gesagt: Wir bemühen uns, vier Arten des Redens, die verletzen, zu vermeiden und stattdessen vier Redestile zu üben, die allen Beteiligten gut tun. Wir bemühen uns, nicht zu lügen, sondern zu sagen, was wahr ist. Andere nicht mit Worten zu verletzen, sondern zu ermutigen und zu inspirieren. Nicht schlecht über andere zu reden, sondern ihre guten Seiten anzuerkennen. Und schließlich, unser Leben nicht mit dummem Geschwätz zu vergeuden, sondern zu sagen, was klärt und inspiriert.

Ein ethisches Leben soll uns aufwecken. Brav sein wollen reicht nicht aus. Interesse an den inneren Prozessen und an den Mechanismen der Begegnung ist ein Schlüssel. Wenn es uns brennend interessiert, wie gute Kommunikation funktioniert, wenden wir nicht nur mechanisch Tipps und Regeln an, sondern erforschen mit Geduld und Ausdauer und viel Humor, wie das Wunder einer Begegnung zustande kommt und wie Streiten funktioniert.

Welche Motive fördern eine gute Kommunikation? »Tu Gutes, meide das Böse und zähme deinen Geist.« Mit dieser Aussage bringt der Buddha, die drei möglichen Motive für ethisches Handeln auf den Punkt. Wir üben sie in anderer Reihenfolge: Zuerst zähmen wir den Geist mit den ethischen Regeln. Wir achten auf unsere Impulse und dabei helfen uns die Regeln. Wenn wir merken, was wir tun, können wir »das Böse« vermeiden und schließlich tun wir »Gutes«. Böses oder Unheilsames vermeiden ist die Minimal-Ethik. Wir bemühen uns, anderen mit unseren Worten nicht zu schaden. Das scheint ein kleiner Anspruch, ihn umzusetzen ist aber nicht leicht, weil wir oft unbewusst reden und die Situation nicht recht einschätzen können.

In einem nächsten Schritt bemühen wir uns, anderen mit unseren Worten gut zu tun. Wir möchten sie inspirieren, ermutigen und stärken. Damit wir diese negative und positive Ethik üben können, müssen wir genau hinschauen: Das bedeutet, wir zähmen unseren Geist und erkennen seine Muster. Solange wir sehr unbewusst sind, liegt der Schwerpunkt darauf, den Geist zu zähmen.

Nur so erkennen wir unsere Impulse. Wenn wir wacher sind, liegt der Schwerpunkt mehr darauf, zu erkennen und zu verstehen, denn wir bemerken häufiger, was wir denken, sagen und tun.

Das höchste Ziel des menschlichen Lebens heißt für den Buddha: »Sich und andere verstehen.« Das gilt nicht nur für »Gedanken, Worte und Werke«, sondern auch für die Tiefendimension unseres Lebens. Unser Verhalten soll uns und andere beim Erwachen unterstützen. Die höchste oder tiefste Erkenntnis ist: Sich und andere verstehen, in der horizontalen Dimension der bedingten Existenz und in der vertikalen Dimension der Transzendenz. Ziel und Chance des Menschseins ist das Leben im Schnittpunkt der beiden Dimensionen. Auf dem Weg dahin können wir uns mit konstruktiven Gesprächen und inspirierenden Begegnungen unterstützen.

Um uns unsere Motive in Gesprächssituationen immer bewusster zu machen, können wir uns nach einem privaten oder beruflichen Gespräch systematisch überlegen, was unsere Motive waren und was sie mit unserer aktuellen Verfassung zu tun haben.

Übung: Nach einem Gespräch

... Wir denken an ein etwas schwieriges Gespräch in den letzten Tagen und fragen uns: »Warum habe ich mich mit dieser Person getroffen? Welche Erwartung hatte ich? Was hat sich erfüllt und was nicht? Was hat mein Gegenüber erwartet? Welche Motive spielten bei dieser Person mit? In welcher Stimmung gingen wir auseinander? Wie fühle ich mich jetzt, wenn ich an diese Person denke? Werde ich sie wiedersehen? Aus welchen Gründen und Motiven?«

Aufklärung über unsere Motive bringt uns auch eine kleine Übung, die schon in der Einführung vorgestellt wurde. Sie wird vor allem in den tibetischen Traditionen des Buddhismus gepflegt: Motivation und Widmung. Wir fragen uns nach unseren Motiven, mit denen wir die Übung durchführen und beschließen sie mit einer Widmung der Erfahrung. Die Widmung knüpft an die Motivation an und bezieht sich auf die konkrete Übung, die wir gemacht haben. Wir können uns diese Frage auch stellen, bevor wir ein Gespräch beginnen. Wir können alle Bereiche unseres Lebens auf diese Weise befragen: Beziehungen, Arbeit, Freizeit, Ehrenämter. Wenn wir das häufig tun, wirkt es sich auf unser Leben aus. Prioritäten klären sich, wir verschwenden weniger Zeit mit unwesentlichen Dingen und haben mehr Zeit für das, was uns am Herzen liegt. Die Frage nach den Motiven unseres Verhaltens und Redens wird immer natürlicher. Sie wird zu einem neuen, heilsamen Muster, das uns im Alltag begleitet und leitet.

Ihren verborgenen Motiven kommen Sie leichter auf die Spur, wenn Sie sich in aller Ruhe fragen, was Ihnen wirklich wichtig ist. Die deutsche buddhistische Nonne Ayya Khema hat es so formuliert: »Was will ich anfangen mit dem Rest meines Lebens, das heute beginnt?« Die tibetische Traditionen empfehlen das gezielte Nachdenken über Tod und Sterblichkeit als Weg, die Kostbarkeit des eigenen Lebens zu entdecken und die eigenen Ziele zu klären. Das ist eine meiner Lieblingsmeditationen. Sie hilft mir, wenn ich etwas Wichtiges entscheiden muss oder will oder wenn es Konflikte gibt, die ich mit anderen Übungen nicht klären kann. Nach dieser Übung weiß ich wieder, was mir wichtig ist.

Übung: Was ist mir wichtig im Leben?

... Wir können uns eine schlichte Frage stellen: »Was will ich noch erleben, kennen lernen oder ausprobieren, bevor ich sterbe? Was davon traue ich mir tatsächlich zu?« Wir können die Frage präzisieren: »Was würde ich verändern in meinem Leben, wenn ich wüsste, ich habe noch genau zwanzig Jahre zu leben. Was würde ich erleben, lernen und ausprobieren wollen? Was würde ich lassen?« Wir können dann den Zeitpunkt näher rücken lassen, so nah wie möglich, so fern wie nötig: »Noch fünfzehn, zehn, fünf oder zwei Jahre. Oder noch zehn, fünf oder drei Monate oder Wochen oder Tage oder Stunden?« Wir nehmen zur Kenntnis, was auftaucht. Zum Abschluss fragen wir uns: »Was kann ich in den nächsten Tagen und Wochen tun oder lassen, um dem, was mir wichtig ist, mehr Raum zu geben?«

3. Spielregeln

Bemerken, was geschieht, und sich an das erinnern, was heilt.
Ethische Regeln schützen vor Regression in alte Muster.

Wenn wir reden, teilen wir unsere Erfahrungen mit. Wir sprechen über Dinge und Arbeitsabläufe, über Gefühle und Gedanken. Über bestimmte Themen sprechen wir nicht, obwohl wir sie denken. Und sehr viele Einstellungen und Motive bleiben unbewusst. Wir können uns ihrer bewusst werden, und dann leiden wir weniger und erleben mehr Glück. Das ist die Grundthese des Buddha. Das Sanskrit-Verb *budh* heißt erwachen, und *buddha* bedeutet der oder die Erwachte. Buddhas sind erwacht aus dem Schlaf der Unwissenheit, aus dem Schlaf des unbewussten Handelns in eingefahrenen Gewohnheiten und Mustern. Ob man sich aller unbewussten Einstellungen bewusst werden kann, ist Thema erleuchteter Polemik im alten und im modernen Indien. Die moderne Hirnforschung sagt, es geht nicht. Auf jeden Fall können wir bewusster werden, als wir es jetzt sind, und das führt uns aus dem Leiden heraus. Ob aus *allem* Leiden heraus, hängt davon ab, wie wir Leiden und Leben definieren.

Bewusstwerdung hält der Tiefenpsychologe Erich Neumann für die Hauptfunktion von Regeln und Ritualen in der Frühzeit der Menschen. Solange der »Bewusstseinsvektor« im Vordergrund steht, helfen uns Regeln zu reifen (Neumann). Wenn wir durch Regeln häufiger bemerken, was wir denken, sagen und tun, sind sie hilfreich. Wenn wir uns auch nur einen Tag ernsthaft darum bemühen, nicht zu lügen, sondern die Wahrheit zu sagen, fällt uns auf, wie oft wir das, was wir wissen, ungenau ausdrücken oder verheimlichen und wie wir Erfahrungen so zurechtbiegen, dass sie zu unseren Ansichten passen. Bewusstwerdung ist auch für den Buddhismus die Hauptfunktion ethischer Regeln. Wenn strenge Regeln dazu führen, dass wir vor lauter Angst nicht mehr bemerken, was wir denken und fühlen, leugnen wir »unerlaubte« Haltungen. Dann »wissen wir nicht, was wir tun« und finden vor allem die anderen böse, dumm und ungerecht.

Man kann mit Regeln unterschiedlich umgehen. Wir können sie einhalten wollen und davon abweichende Impulse bewusst unterdrücken oder unbewusst verdrängen. Was ist der Unterschied? Wenn wir nicht mehr lügen und mit Worten verletzen, wenn wir nicht mehr über Abwesende klatschen und mit Geschwätz unser Leben vergeuden *wollen*, bemühen wir uns, das zu vermeiden. Wir *unterdrücken bewusst* Impulse, die diesen Regeln widersprechen.

Wir schlucken eine dumme Bemerkung hinunter und hecheln nicht mit, wenn der neue Kollege oder die Chefin durch den Kakao gezogen wird. Wir leiden vielleicht ein wenig, da wir gewohnt sind mitzuratschen und möglicherweise Angst haben, bei den Kollegen ins Abseits zu geraten, doch wir vertrauen darauf, dass ethisches Verhalten uns langfristig positiv verändert. Wir bemerken unsere Impulse und unterdrücken sie bewusst, weil wir die ethischen Regeln wertvoll und sinnvoll finden. Das bewusste Unterdrücken von Impulsen macht nicht neurotisch, sondern fördert das Reifen der Persönlichkeit.

Etwas anderes geschieht, wenn wir uns selbst ablehnen oder wenig spüren und gleichzeitig an hohen Idealen festhalten. Dann leugnen wir Impulse, die unseren Idealen widersprechen. Die Psychoanalyse nennt das »Verdrängen«. Es gilt als eine Zivilisationskrankheit moderner Menschen. Es gibt, grob gesagt, zwei unterschiedliche Varianten. Der eine Stil ist statistisch häufiger bei Frauen, der andere eher bei Männern anzutreffen. Ich überlasse es Ihrer Fantasie und Erfahrung, die Stile zuzuordnen.

Manche Menschen neigen zum Verdrängen, weil sie Minderwertigkeitsgefühle haben. Sie wollen besonders brav sein und Vorschriften korrekt einhalten, und sie leugnen Erfahrungen, die nicht dazu passen. Wer sich nicht mag, befolgt Regeln aus Angst. Das verstärkt die Selbstablehnung, weil niemand Regeln immer befolgen kann. Die zweite Gruppe spürt ihre Erfahrungen, körperliche Empfindungen und Gefühle nur wenig, definiert sich über ihre »offiziellen« Gedanken und leugnet widersprechende Erfahrungen oder lehnt sie ab. Wer nicht auf sein Herz hört, sondern nur auf das, was er denkt, kommt in Teufels Küche, das heißt in das Reich der klugen Gedanken, die man für die Wirklichkeit hält.

Man klebt an Ansichten und interpretiert neue Erfahrungen im Licht des Bekannten. In beiden Fällen ist es sinnvoll, in einem geschützten Raum den abgelehnten Einstellungen und Gefühlen nachzugehen und sie unter Umständen kontrolliert auszuagieren. Das können wir alleine tun oder in Begleitung, in einer Psychotherapie oder mit der besten Freundin. Wenn eine Beziehung belastungsfähig ist, wir uns einigermaßen gut kennen und unser Motiv tiefere Selbsterkenntnis ist, kann auch das Ausdrücken von Wut helfen, sie loszulassen. Unkontrolliertes und unreflektiertes Anschreien und Beschimpfen wirkt in der Regel eher zerstörerisch. Wir müssen immer wieder schauen, wie sich unser liebevolles oder wütendes Reden auf uns und andere auswirkt.

Die erste Funktion von Regeln besteht also darin, dass sie uns aufwecken und helfen, bewusster zu werden. Wir können unseren Geist und unser Verhalten »zähmen«, weil wir bemerken, was wir tun. Wir können uns an Regeln orientieren und mit ihrer Hilfe bewusster werden, denn wir Menschen besitzen eine wunderbare Fähigkeit: Wir können *bemerken*, was wir tun, sagen und denken. Diese Fähigkeit, meist als Achtsamkeit übersetzt, gilt im Buddhismus als Schlüssel für Einsicht und alle daraus erwachsenden guten Eigenschaften und Verhaltensweisen. Dazu mehr im elften Kapitel, in dem es um das systematische Üben geht.

Die zweite Funktion von Regeln wird durch ihre negative Formulierung angedeutet. Regeln halten uns davon ab, unsere momentanen Meinungen und Emotionen blind und unbewusst auszuagieren. Sie schützen uns vor gierigen und aggressiven Impulsen und vor eingefahrenen emotionalen Mustern und Gewohnheiten. Das ist dann wichtig, wenn wir aufgeregt und müde, krank oder schlecht gelaunt sind. Wenn die emotionalen Wellen hoch schlagen, regredieren wir oft auf ein kindliches Niveau des Verhaltens, und zwar auf allen Ebenen. Wir werden emotional und intellektuell immer »jünger«, kindischer. Wir sagen Dinge, die wir entspannt und gut gelaunt nie sagen würden. Wir knallen Türen, ballen die Fäuste und fallen in alte Gedankenmuster und in menschheitsgeschichtlich archaisches Verhalten zurück. Auch wenn wir eigentlich höflich sind und eine gute Kinderstube haben: Wenn wir emotional aufgewühlt sind, brennen die Sicherungen leicht durch. In solchen Momenten helfen kluge Gedanken nicht, denn sie fallen uns erst gar nicht ein, und auch alle Verhaltenstipps sind wie weggeblasen. Was da hilft, sind Spielregeln.

Regeln tragen uns, wenn wir nicht mehr ganz »zurechnungsfähig« sind. Das ist der tiefere Sinn jeder Ordnung, ob im Geschäft, in einem Wohnhaus oder in der Schule. Die negativ formulierten ethischen Regeln schützen uns davor, unüberlegt

Schaden anzurichten. Weil wir weniger Schaden anrichten wollen, halten wir uns an Regeln. Wie juristische Verträge sind alle Arten von Regeln nicht in erster Linie für die guten, sondern für die schlechten Zeiten gedacht. Wenn wir von allen guten Geistern verlassen sind, erinnern uns Regeln an die Minimal-Ethik: Möglichst niemanden verletzen.

Die dritte Funktion von ethischen Regeln besteht darin, uns zu konstruktivem Verhalten zu inspirieren. Wir bemühen uns, nicht zu lügen, sondern die Wahrheit zu sagen. So einfach ist das. Allerdings hängen alle drei Funktionen eng miteinander zusammen. Wenn wir nicht merken, was wir denken, sagen und tun, merken wir wahrscheinlich auch nicht, welche Auswirkungen unser Handeln auf andere hat. Und selbst wenn wir es manchmal bemerken, ist es uns gleichgültig, weil wir nicht verstehen, dass unser Verhalten auf uns zurückwirkt. Wenn wir verstehen, dass jedes Lächeln, das wir aussenden, zu uns zurückkehrt, sind wir bereit, unser Verhalten zu beobachten und das zu tun, was für alle Beteiligten gut ist.

Übung: Regeln schützen und inspirieren

... Wir denken an eine Situation der letzten Wochen oder Jahre, in der uns Regeln vor unbedachtem Verhalten geschützt haben, und fragen uns: »Was wollte ich sagen oder tun? Was hat mich davon abgehalten? Habe ich an die negativen Folgen für die anderen gedacht? Darüber, wie das Verhalten auf mich zurückfällt?« Wir fragen uns weiter: »Was habe ich stattdessen getan oder gesagt? Fiel es mir leicht? Wie hat sich mein Verhalten ausgewirkt? Auf die anderen? Auf mich? Wie sehe ich die Situation heute?«

Eng verwandt mit Regeln und Spielregeln ist die gute alte Höflichkeit. Vor allem in der zweiten Hälfte des zwanzigsten Jahrhundert hatte sie keinen guten Ruf, schien zeitweilig völlig ausgespielt zu haben und erlebt erst jetzt wieder eine Renaissance. Zu eng schien sie mit Unterdrückung von Freiheit und dem Verdrängen von Lebensimpulsen verwandt. Höflichkeit gilt bei vielen immer noch als altmodisch und verklemmt. Wenn wir sie nicht mit Heuchelei oder Stiefelleckerei verwechseln, ergänzt sie aber ein ethisches Leben aufs Beste. Auch Höflichkeit hält aufgewühlte Emotionen in Schach und zähmt den Impuls, andere zu verletzen. So verstanden, macht sie uns zu reifen und verantwortlichen Menschen, die andere durch ihre guten Umgangsformen und ihr freundliches Redeverhalten anstecken. Im zehnten Kapitel werde ich den Nutzen von Höflichkeit noch einmal näher beleuchten.

4. Gewohnheiten

Je mehr du etwas tust, desto mehr tust du es.
Je weniger du etwas tust, desto weniger tust du es.

Nicht nur unsere Worte wirken, sondern auch die Art und Weise, wie wir sie sagen. Selbst das, was wir bewusst oder unbewusst verschweigen oder denken, wirkt, und zwar nicht nur auf die anderen, sondern auf uns selbst. Im zweiten Kapitel haben wir den Zusammenhang zwischen den Motiven unseres Handelns und seinen Folgen, Glück oder Lied, betrachtet. Im dritten Kapitel ging es um die These, dass uns ethische Regeln und Spielregeln vor aufgewühlten Emotionen und automatischem Verhalten schützen. In diesem Kapitel untersuchen wir, wie wir Gewohnheiten erkennen und verändern können. Die Faustregel ist einfach: Je mehr du etwas tust, desto mehr tust du es; und je weniger du etwas tust, desto weniger tust du es.

Wiederholung ist das Prinzip allen Lernens. Wenn wir als Kind auf dem Land gelernt haben, auch unbekannte Erwachsene zu grüßen, tun wir das aus Gewohnheit manchmal auch noch in der Anonymität einer Großstadt. Vielleicht ernten wir sogar freundliche Blicke dafür. Wir grüßen Menschen, bedanken uns für Geschenke, wünschen beim Niesen Gesundheit und machen Komplimente. Das tun wir, wenn wir es gelernt haben. Wir ahmen Eltern oder andere Erwachsene in ihrem Verhalten nach. Wenn der Vater häufig geflucht oder die Mutter viel gejammert hat, tun wir das vielleicht auch. Zwei Auswirkungen unseres Handelns erleben wir am eigenen Leib: Die *Neigung,* die Handlung zu wiederholen, und die Bereitschaft, *ähnliche Erfahrungen* wahrzunehmen oder anzuziehen. Wurde zuhause viel geschimpft und haben wir das dann selbst an jüngeren Geschwistern oder Nachbarskindern ausprobiert, neigen wir vermutlich heute noch dazu, laut zu werden, wenn etwas schief-geht. Außerdem ziehen wir Leute, die gerne schimpfen, magisch an. Wenn uns Klatsch und Tratsch auf die Nerven gehen, würde uns der Buddha empfehlen, mit »heiliger« Stur-heit nicht daran teilzunehmen, sondern immer wieder auf die guten Seiten der Kolleginnen und Kollegen zu achten und auch darauf hinzuweisen. Das zieht Menschen an, die über uns und andere Gutes sagen.

Wir können jede Gelegenheit nutzen, uns an die ethische Regeln der konstruktiven Rechte zu halten, z. B. seltener lügen und nach bestem Wissen und Gewissen die Wahrheit sagen, und ziehen Menschen an, die ehrlich sind. Man sieht die Aus-wirkungen vielleicht nicht schon nach drei Wochen, aber in ein, zwei Jahren haben sich unsere Beziehungen spürbar verändert.

Manchmal zeigen sich die Auswirkungen auch schneller. In meinem Freundeskreis gibt es einen Rechtsanwalt, der mit zwei Kolleginnen und einem Kollegen eine Kanzlei führt. Als er sich entschlossen hatte, die ethischen Regeln der rechten Rede zu üben, hörte er von einem Tag auf den anderen damit auf, über andere schlecht zu reden. Nach einigen Wochen fragte ihn eine

Kollegin: »Sag mal, was ist los mir dir? Irgendwie bist du anders, entspannter und leichter. Woran liegt das?«

Alle Menschen spüren es, wenn wir uns mit Leib und Seele ethisch verhalten. Sie merken es allerdings auch, wenn wir uns damit nur wichtig machen oder unser Gutmenschentum herauskehren wollen; das wirkt eher abschreckend. Ethik mit Herz und Verstand tut gut und steckt an.

Regeln schützen uns vor schlechten Stimmungen und schädlichen Gewohnheiten. Das wird immer wichtiger, je älter wir werden. Wir vergessen dann vieles, was uns mit vierzig noch sinnvoll schien, vor allem das, was wir nur gehört oder gelesen haben und gut fanden. Es bleibt nur das, was mit Leib und Seele gelebt wurde. Wenn wir mit fünfundvierzig immer noch über unsere Eltern schimpfen, die unser Leben verpfuscht oder uns nicht genug Liebe gegeben haben, oder dem Staat, der Chefin oder den bösen Nachbarn die Schuld für unser anstrengendes und unruhiges Leben geben und das unhinterfragt fortsetzen, können wir das mit achtzig aus dem Effeff. Dann werden wir es auch mit viel gutem Willen kaum mehr verändern können, denn im Alter treten Gewohnheiten im Allgemeinen immer schärfer hervor.

Wir sind gut beraten, unsere Redeverhalten sorgfältig zu beobachten, solange wir noch relativ jung sind. Wenn wir uns beizeiten angewöhnen, nicht nur Reden zu schwingen, sondern auch zuzuhören, fällt uns das auch im Alter leichter. Wer »gerne« jammert und klagt und das bemerkt, kann mit fünfunddreißig anfangen, auf das zu achten, was im Leben klappt, und auch darüber reden. Dann kann er oder sie im Alter die Früchte ernten. Wir können in jungen Jahren damit anfangen, unseren Mitmenschen höflich und freundlich zu begegnen. Dankbarkeit und Zuneigung auszudrücken und ab und zu Komplimente zu machen. Das ist eine gute Altersvorsorge, die uns niemand kürzen oder streichen kann. Haben Sie keine Angst, zum Jasager zu werden. Die Fähigkeit, Missstände zu erkennen und Kritik zu üben, verschwindet nicht so schnell. Sie brauchen auch keine Angst zu haben, dass sie auf einem Pulverfass unausgedrückter heftiger Emotionen sitzen bleiben. Sobald wir unseren Ärger bemerken, können wir ihn mit etwas Übung bewusst im Zaum halten und so werden wir erwachsen.

Übung: Meckern und klagen

... Denken Sie an eine Situation in den letzten Tagen, in der Sie sich über etwas beklagt haben. Es soll keine große Sache sein, nur eine Kleinigkeit. Fragen Sie sich: »Was genau war der Aufhänger für meine Kritik? Wann habe ich meinen Ärger bemerkt? Wie habe ich ihn ausgedrückt? Habe ich anderen davon erzählt? Wie viele Menschen wissen davon?« Denken Sie dann an eine zweite Situation der letzten Wochen, in der Sie sich beklagt haben, und stellen sei die gleichen Fragen. Fragen Sie sich dann: »Wie oft beklage ich mich pro Woche? Wie oft erzähle ich anderen von schwierigen Umständen?« Denken Sie dann an eine ältere Person in Ihrem Umfeld und fragen Sie sich: »Worüber klagt diese Person? Wie häufig klagt sie über das gleiche Problem?« Wie fühlen Sie sich, wenn Sie das hören? Hören Sie gerne Menschen zu, die über etwas meckern oder sich beklagen? Fassen Sie am Ende der Übung den Entschluss, sich weniger zu beklagen und mehr auf das zu achten, was im Leben klappt.

Wenn Sei weniger Menschen begegnen wollen, die sich beklagen, dann hören Sie selbst auf damit. Sie können es zumindest versuchen. Wenn Sie bemerken, dass Sie wieder jammern und klagen, dann achten Sie auf die Auswirkungen, die das auf Sie selbst und auf andere hat.

Zwei: Eine Minimalethik guter Kommunikation

Der Buddha lehrte vier Übungen der rechten Rede. In ihrer negativen Formulierung sagen sie uns, was wir vermeiden sollen, weil sie uns und anderen schaden. Positiv formuliert sagen sie uns, was wir stattdessen tun sollen. Bei den vier Übungen geht es nicht um Verbote und Gebote, sondern um Bemühungen. Wir bemühen uns, nicht wissentlich zu lügen, sondern zu sagen, was wahr ist. Wir bemühen uns, andere nicht gezielt durch Worte oder Schweigen zu verletzen, sondern sie durch unsere Worte zu heilsamem Tun zu inspirieren und es zu fördern. Wir bemühen uns, nicht hinter ihrem Rücken schlecht über andere zur reden, sondern ihre guten Seiten zu sehen und anzusprechen und streitende Parteien zu versöhnen. Und wir bemühen uns, unser Leben und das von anderen nicht durch dummes Geschwätz zu vergeuden, sondern zu sagen, was sinnvoll und hilfreich ist. Wir üben etwas, weil wir es noch nicht können. Wenn wir mit diesen Übungen beginnen, werden wir immer wieder scheitern, aber dabei lernen wir uns und unsere Gewohnheiten besser kennen. Und wenn wir geduldig und ausdauernd üben, lernen wir auch, anders miteinander zu reden.

5. Wahrheit und Lüge

Lügen haben kurze Beine.
Wer einmal lügt, dem glaubt man nicht,
auch wenn er dann die Wahrheit spricht.

»Im Anfang war das Wort.« So beginnt das Johannes-Evangelium. Westliche und buddhistische Philosophie sind sich einig: Wir nehmen nur das wahr, wofür wir einen Begriff beziehungsweise ein passende Konzept haben. Im Sommer 1977 war ich zum ersten Mal in Dharamsala, dem indischen Dorf, in dem der Dalai Lama mit einer großen Exilgemeinde lebt. Am zweiten Tag lernte ich bei einem Spaziergang eine Tibeterin kennen. Sie bat mich mit unverständlichen Worten und klaren Gesten in ihre gute Stube und fragte: »Söcha?« Sie meint bestimmt indischen Schwarztee, dachte ich, nickte und war glücklich, dass sie dieses lautlose Ja verstand. Voller Vorfreude nahm ich einen Schluck und – hätte das salzige und fettige Gebräu am liebsten ausgespuckt. Das war kein Schwarztee mit Milch, auf indisch »Chai«, sondern tibetischer Buttertee, »Söcha«, eben.

Der Umgang mit Wahrheit und Lüge ist keine einfache Sache und doch sehr wichtig für gute Beziehungen. Wir lernen Menschen vertrauen, die ehrlich sind und meinen, was sie sagen, und es dann auch tun. Das verstehen wir unter Wahrheit. Wenn wir etwas länger über das Thema nachdenken, wird es kompliziert. Es gibt »Wahrheiten«, die auf Übereinkunft beruhen. Damit haben wir in der Regel kein Problem. Eine Tasse heißt Tasse und funktioniert auch als Tasse. Ein Meter hat hundert Zentimeter. Das ist das Rathaus von Lübeck und nicht von Hamburg. Und das ist meine alte Freundin Maria und nicht mein Bruder Klaus. Schwieriger wird es, wenn Ansichten und Meinungen ins Spiel kommen. Sie sind persönlich und kulturell bedingt und gefärbt, und jeder Mensch trägt seine eigene Brille.

Die Schwierigkeiten verstärken sich, wenn unsere Mitmenschen anderer Meinung sind als wir oder die Dinge nicht so laufen, wie wir es gerne hätten. Dann verteidigen wir unsere Ansichten mit heftigen Emotionen und giftigen Worten. Was passiert da genau? Die deutsche Sprache sagt es uns deutlich: Wir sind enttäuscht, weil wir uns getäuscht haben.

Wir machen Pläne für die nächste Woche und erwarten, dass Kollegin Anita pünktlich zur Arbeit kommt und Kollege Bernd seine Aufgaben vollständig erledigt. Wir erwarten, dass uns die Verkäuferin kompetent und geduldig bei der Auswahl unter fünfzehn Käsesorten berät und die Deutsche Bahn rechtzeitig über die Ursachen von Verspätungen informiert. Wenn wir unsere Erwartung als Erwartung verstehen und begreifen, dass erst die Erfahrung zeigen wird, ob sie realistisch ist, sind wir auf der sicheren Seite. Wir haben eine Arbeitshypothese und beobachten, ob sie auch funktioniert. Das nennen wir allgemein »wissenschaftliches Denken«. In der buddhistischen Tradition wird es als »gültiges Denken« bezeichnet.

Normalerweise stützen wir uns den ganzen Tag und eher unbewusst auf unrealistische Erwartungen. Wir erwarten »einfach«, dass alle ihre Aufgaben perfekt erledigen, pünktlich sind und immer freundlich. Und – dass sie verstehen, dass wir selbst das leider nicht immer schaffen. Ein solches Denken stützt sich auf falsche oder »ungültige« Konzepte. Vorstellungen, Ansichten und Meinungen sind dann falsch, wenn wir nicht bemerken, dass es lediglich Arbeitshypothesen sind, und wenn sie nicht funktionieren. Eigentlich ist es ganz einfach, und die deutsche Sprache »sagt« es uns jeden Tag: Enttäuschungen basieren auf Täuschungen.

Wie können wir die Wahrheit sagen, wenn wir uns ständig täuschen? Die Antwort: Wir versuchen unser Bestes. Wir beginnen mit dem Verständnis, das wir jetzt haben. Zunächst bemühen wir uns, bewusste Lügen zu vermeiden und andere nicht absichtlich zu täuschen. Das ist leichter, als uns nie mehr zu täuschen. Wir können uns das für die nächsten zwei Stunden oder für den morgigen Tag vornehmen. Dann bemerken wir, ob und wie wir lügen. Manches würden wir nicht Lüge nennen, sondern vielleicht eine kleine Notlüge oder eine Konvention. Wir haben keine Zeit, und eine gute Freundin ruft an. Sie fragt uns, wie es uns geht, und wir sagen schnell: »Danke gut«, obwohl wir Magenschmerzen haben weil uns der gestrige Streit mit der

Nachbarin immer noch ärgert. Wenn uns eine Freundin einen Seidenschal zum Geburtstag schenkt, der zwar ihr gefällt, aber uns nicht, sagen wir trotzdem: »Danke für das hübsche Geschenk«, und nicht: »Oh Gott, dieses Grün mag ich überhaupt nicht.« Es geht nicht darum, immer sein Innenleben authentisch zur Schau zu stellen oder auf Biegen und Brechen anderen »die Wahrheit« um die Ohren zu schlagen. Im ersten Schritt geht es einfach darum zu bemerken, ob und wie wir manchmal die Wahrheit zwar wissen, sie aber nicht oder weniger verbiegen.

Übung: Lügen

... Wir denken an eine Situation aus den letzten Tagen, in der wir bewusst und willentlich die Unwahrheit gesagt haben. Wir fragen uns: »Was war mein Motiv? Was wollte ich damit erreichen? Wen wollte ich schützen? Was genau sollte die andere Person nicht erfahren?« Wir lassen die Situation noch einmal vor unserem inneren Auge ablaufen und fragen weiter: »Wie hat sich das auf die andere Person ausgewirkt? Hat sie es bemerkt? Hat die Lüge sie entspannt oder irritiert? Wie wirkt sich diese Lüge auf mich aus? Stärkt sie die Neigung, nicht genau hinzuschauen? Vermeide ich damit einen Konflikt? Vermeide ich damit Kontakt?« Dann denken wir an zwei, drei weitere Situationen, in denen wir wissentlich die Unwahrheit gesagt haben, und fragen uns: »Was steckt dahinter? Gibt es ähnliche Motive? Was spielt mit? Ängste, Abwehr, Unsicherheit?« Zum Abschluss nehmen wir uns vor, die nächsten drei Stunden oder einen ganzen Tag, so gut es geht, Lügen zu vermeiden.

Der nächste Schritt ist nicht so einfach. Statt zu lügen versuchen wir, die Wahrheit zu sagen. Genauer: Wir bemühen uns, nur das zu sagen, von dem wir *wissen*, dass es wahr ist. Wenn wir diese

Empfehlung beherzigen, fällt es uns leichter, Ansichten und Meinungen als Arbeitshypothesen zu erkennen. Allerdings übertreiben wir es dann gerne und stolpern in eine Falle, in der schon viele gelandet sind, die ehrlich sein wollten. Da wir häufig nicht wissen, was »wirklich« wahr ist, meinen wir, keinen Standpunkt beziehen zu dürfen. Es geht aber darum zu *bemerken*, was wir denken, und dass das *unser* Standpunkt ist.

Was können wir tun, wenn wir ehrlich sein wollen, aber nicht genau wissen, was richtig oder wahr ist? Wir können häufiger die »Ich-Sprache« verwenden, wie das Kommunikationshandbücher seit den 1980er Jahren empfehlen. Wenn wir uns bemühen, die Wahrheit zu sagen, bemerken wir häufiger, dass wir zwar Meinungen haben, aber nicht wirklich wissen, was das Beste für die Freundin in ihrer Beziehungskrise ist oder wie man den Nahostkonflikt löst.

Wir müssen herausfinden, was wir denken. Und es auch mitteilen, wenn der rechte Zeitpunkt dafür gekommen ist und wir andere damit nicht verletzen. Wenn wir Wahrheiten über andere verbreiten, sollten wir überlegen, was wir damit erreichen wollen. Wollen wir uns mit dem Segen der ethischen Regeln rächen und eine Verletzung heimzahlen, nach dem Motto »gemein, aber wahr«? Es geht nicht darum, auf Biegen und Brechen die Wahrheit zu sagen, sondern es klug und angemessen zu tun. Manchmal sagen wir am besten nichts.

Übung: Die Wahrheit sagen

... Wir denken an eine Situation in den letzten Tagen, in der wir die Wahrheit gesagt haben, auch wenn es uns vielleicht schwerfiel. Wir fragen uns: »Was war der erste Impuls? Was wollte ich verschweigen oder beschönigen? Was hat mich motiviert, doch die Wahrheit zu sagen? Wie hat sich das augewirkt? Auf mich und die anderen?«

Dann denken wir an eine Situation, in der wir jemanden mit einer Wahrheit verletzt haben. Wir fragen uns: »Was hat mich dazu gedrängt, klare Worte zu gebrauchen? Was habe ich mir davon erhofft? Was haben die offenen Worte bewirkt? Bei der anderen Person und bei mir? Gab es ein klitzekleines Gefühl der süßen Rache?« Sie können die Situation noch einmal durchspielen und versuchen, die Worte so zu wählen, dass sie die andere Person weniger oder gar nicht verletzen. Wenn es gelingt, freuen Sie sich darüber. Wenn nicht, versuchen Sie es später noch einmal.

Wann ist der rechte Zeitpunkt für ein klärendes Gespräch? Wann ist es sinnvoll und konstruktiv, »Tacheles« zu reden und die Wahrheit zu sagen? Dafür gibt es keine Patentrezepte. Wir müssen spüren, wann die andere Person dafür offen ist. Wenn beide Parteien relativ entspannt sind und Zeit haben, geht es leichter. Und – wenn wir begreifen, dass unsere Sicht der Dinge nur *eine* Sicht ist.

Was können wir tun, wenn wir Angst vor offenen Gesprächen und klaren Worten haben? Angst ist ein schlechter Ratgeber. Viele Menschen wissen eigentlich, was sie wollen und was nicht. Sie haben aber Angst, es anderen mitzuteilen. Sie haben Angst vor Zurückweisung oder sie schämen sich, weil sie Hilfe brauchen. Es gibt gute Erklärungen für solche Ängste und wo und mit wem wir sie »gelernt« haben. Was machen wir aber damit?

Kleine Schritte helfen: Als ich 1969 mit zwanzig Jahren im zweiten Semester studierte, besuchte ich ein Seminar, in dem alle ein, zwei Jahre älter waren als ich. Ich kam vom Land, sprach badischen Dialekt und hatte keinen Sinn für Mode. Ich traute mich wortwörtlich nicht, den Mund aufzumachen. Da hatte ich eine Idee. Ich beschloss, in jeder Sitzung innerhalb der ersten zehn Minuten eine Frage zu stellen, und sei es nach einem Buchtitel. Das half mir, nach weiteren fünfzehn Minuten eine »echte« Frage zu stellen. Wer heute meine Kurse und Vorträge besucht, kann sich das kaum vorstellen. Wenn Sie Angst haben zu reden, fangen Sie einfach damit an. Fragen Sie die Verkäuferin im Supermarkt nach dem Katzenfutter. Probieren Sie im Volkshochschulkurs die Methode der ersten Frage aus. Tun Sie es einfach. Es ist nie zu spät.

Am Anfang war das Wort und damit auch das Missverständnis. Das ist das Problem mit allen Sprachen. Es geht aber nicht nur um Buttertee und unbekannte Speisen, es geht auch um Menschen. Als die französischen Revolutionäre mit strahlenden Augen 1792 die Menschenrechte verkündeten fiel ihnen nicht auf, dass es dabei nur um besitzende Männer ging. Das französische *homme* heißt eben Mann und Mensch. Die deutsche Grammatik unterschiedet nur bei männlichen Worten, ob sie Subjekt sind und im Nominativ stehen – »der Mann arbeitet« – oder ob sie Objekt sind und im Akkusativ stehen – »ich sehe den Mann«. Bei weiblichen (und sächlichen) Worten macht es grammatisch keinen Unterschied, ob es Subjekt oder Objekt ist: »Die Frau sieht die Frau.« Woran das wohl liegt? Neunundneunzig Lehrerinnen und ein Lehrer sind grammatisch korrekt hundert Lehrer. Wer das nicht hinnimmt, ist komisch – oder eine Frau. Die deutsche Sprache macht Frauen oft unsichtbar. Wenn sie es nicht bleiben wollen, müssen sie die Sprache verändern, mit Humor und Beharrlichkeit, auch wenn es dauert.

Der patriarchalische Akkusativ und die Pluralform haben mit beidem zu tun, mit Lügen und Verletzen. Wir verletzen vor allem dann, wenn wir etwas nicht sehen. Das nennt der Buddha Ignoranz. Wir können aber sehen lernen, wenn wir wollen. Frauen zuhören hilft dabei sehr.

6. Verletzen und inspirieren

Wenn wir über andere schimpfen, schimpfen wir nur über uns selbst.
Um eine Verletzung zu heilen, braucht es fünf gute Situationen.

Der Wunsch, ehrlich zu sein *und* andere nicht zu verletzen, kann ein Widerspruch in sich sein. Aber das Leben ist widersprüchlich. Die buddhistische Tradition setzt hier klare Prioritäten. Nicht verletzen ist gleichzeitig die Minimalethik und die höchste Lehre oder der Kern der Lehren. Buddhas Lehren achten heißt kein Lebewesen verletzen. Die indische Tradition singt das Loblied der Gewaltlosigkeit, im Sanskrit *ahimsa*. Das ist im menschlichen Leben nahezu unmöglich, denn Leben heißt immer auch anderen Schaden zufügen, auch wenn wir das nicht absichtlich tun. Wir bemühen uns aber zumindest darum, das zu minimieren.

Statt andere mit Worten oder Schweigen bewusst und gezielt zu verletzen, bemühen wir uns, sie mit dem, was wir sagen, zu inspirieren, sie zu ermutigen und zu stärken, und dies auch mit dem, was wir denken und tatsächlich tun. Aber selbst wenn wir das von Herzen wollen, klappt es häufig nicht. Wir kennen die anderen oft nicht gut genug, um immer das zu sagen, was sie in dem Augenblick gerade brauchen. Wir können uns jetzt mit dem superschlauen Argument aus dem Staub machen: »Da ich es nicht hundertprozentig vermeiden kann, andere zu verletzen, versuche ich es erst gar nicht.« Wenn wir das vertreten, müssen wir konsequent sein und dürfen weder Auto fahren noch kochen, weder Klavier spielen noch Protokolle schreiben und auch nicht singen oder vorlesen, denn das können wir auch nicht perfekt. Wenn wir mit unserem Können öffentlich auftreten wollen, sollten wir es allerdings gründlich üben und gut vorbereitet sein.

Perfektionsansprüche dienen oft als Ausrede, es gar nicht erst zu probieren. Der Wunsch, andere nicht zu verletzen, bedeutet keine Absage an leidenschaftliche Debatten. Wer mit anderen »Streitgespräche« führt und ihre Argumente widerlegt, verletzt sie nicht automatisch. Wie man das schafft und die Kunst des Streitens trainieren kann, können Sie im sechsten Abschnitt nachlesen.

Was bedeutet »nicht verletzen« für unsere Konflikte? Mir klingen dazu viele Fragen im Ohr: »Darf ich mich nie wieder ärgern? Soll ich meinen Ärger jetzt immer herunterschlucken? Dann werde ich doch krank? Außerdem müssen Frauen lernen, auch negative Gefühle zu zeigen. Sie können doch nicht immer nur lieb und brav sein.« Ich habe noch in den 1970er Jahren in Seminaren zu Bioenergetik und Gestalttherapie gelernt, dass man Gefühle ausdrücken müsse, sonst werde man krank. Ich höre diese These bei jedem Übungstag und in jeder Übungswoche.

Lehrt der Buddhismus Gefühle verleugnen? Man könnte es manchmal fast glauben, wenn man Neukonvertiten oder langjährige Übende mit lieblicher Stimme säuseln hört. Das klingt so sehr nach Friede, Freude, Eierkuchen, dass ich sie am liebsten mit faulen Eiern oder überreifen Tomaten aus ihrer Zuckertortenidylle aufscheuchen würde. Ich tue das natürlich nicht, weil ich sie nicht verletzen will. »Nicht verletzen« gelingt leichter mit Worten und Handlungen als gedanklich. Ich versuche einfach, freundlich zu bleiben. Bei den Gedanken ist es schwerer. Wenn ich spöttische oder aggressive Gedanken *bemerke*, wünsche ich allen Beteiligten Glück und ein Leben ohne Probleme, mit unendlichen Freuden und Gelassenheit. Ich wünsche es allen Lebewesen, und dazu gehöre ich auch. Genaue Übungen und Anleitungen zu heilsamen Worten und Gedanken finden Sie im dritten Teil über das Heilen.

Ich möchte meine These zu heftigen Gefühlen wiederholen. Wer seine Wut bemerkt, verdrängt sie nicht. Wir können sie spielerisch ausagieren, müssen das aber nicht. Wir können sie bewusst unterdrücken, und dadurch reifen wir. Für die eigene

Psychohygiene reicht es, diese Gefühle zu bemerken, und dann können wir weiter erforschen, was sie uns sagen wollen.

Eine These lautet: »Wer über andere schimpft, schimpft über sich selbst.« In der Gestalttherapie heißt es: »Alles, was dich berührt und bewegt, hat mit dir zu tun.« Die Sprache weiß es wieder sehr genau und sagt es uns jeden Tag. Das Verb heißt »*sich* ärgern«. Wir sagen viele Male gedankenlos: »Ich habe *mich* geärgert.« Wer hat da wen geärgert? Das ist eine hochinteressante Frage. Eins ist klar: Ich bin auf alle Fälle mit von der Partie.

»Die Welt ist ein Spiegel und kein Fenster«, lautete eine der prägnanten Sätze Ayya Khemas. Sie meinte damit, dass das, was uns an anderen ärgert, etwas mit unseren eigenen Gedanken und Gefühlen zu tun hat. Natürlich sind die Menschen, über die wir uns ärgern, keine Fantasieprodukte. Sie leben durchaus weiter, auch wenn wir schlafen oder gerade nicht an sie denken. Und sie giften uns auch dann an, wenn wir ausgeschlafen und gut gelaunt sind. *Was* wir aber bei anderen wahrnehmen, hat viel mit uns zu tun.

Die Faustregel ist wieder ganz einfach (wie Faustregeln eben so sind). Wenn wir uns ärgern, hat es etwas mit uns zu tun, und wenn wir enttäuscht sind, haben wir uns getäuscht. Wir ärgern uns nur, wenn wir andere Erwartungen hatten. Und wir ärgern uns ganz besonders, wenn wir diese Erwartungen nicht bemerken, sondern für »normal« und gerechtfertigt halten. Also: Wir müssen sie erkennen, und das geht nicht von selbst. Es braucht Zeit und Raum, Interesse und Geduld, um die eigenen Erwartungen und Muster zu erkennen.

Übung: Ich ärgere mich

... Denken Sie an eine Situation der letzten Tage, in der Sie sich geärgert haben. Fragen Sie sich: »Worüber genau habe ich mich geärgert? Über Worte oder Gesten, Abläufe oder Blicke? Über fehlende Worte und Blicke? Wie habe ich reagiert? Was habe ich gesagt, getan oder auch nur gedacht? War meine Reaktion sichtbar oder hörbar? Wer hat das bemerkt? Wie hat sich mein Verhalten ausgewirkt? Auf mich und auf die anderen?« Fragen Sie sich dann in einem zweiten Schritt: »Hat das, was mich bei anderen ärgert, irgendetwas mit mir zu tun? Mache ich das auch? Habe ich mir dieses Verhalten mühsam abgewöhnt? Steckt dahinter eine Stärke, die ich gerne hätte?« Spielen Sie die Situation noch einmal durch und denken Sie an das, was Sie mit der anderen Person verbindet. Und vergessen Sie nicht, was das, was sie ärgert, mit Ihnen zu tun hat.

Ein unbedachtes Wort kann zwanzig gute Jahre zerstören. Vor kurzem erzählte mir eine Psychotherapeutin nach einem Vortrag, dass es etwa fünf gleich starke gute Situationen braucht, um eine emotionale Verletzung zu heilen. Da habe ich geschluckt. Ich wusste sofort: Das stimmt. Es geht nicht darum, ob die Zahl fünf »stimmt« oder es eher vier oder sieben sind. Es geht darum, dass es mehr gute als schlechte Situationen sein müssen. Wenn zwei sich uneins sind und einen großen Schatz an guten Erfahrungen miteinander haben, brauchen sie keine Angst vor heftigen Auseinandersetzungen zu haben. Wenn eine Beziehung aber noch nicht stabil ist oder auf der Kippe steht, muss man jedes Wort buchstäblich auf die Goldwaage legen. Dann kann Schweigen Gold sein.

Als ich die These hörte, tauchten blitzartig viele Situationen aus einem halben Jahrhundert bewussten Lebens auf. Wie viele »böse« Sätze habe ich schon selbst gesagt, mir angehört und von anderen erzählt bekommen, in Wut und Verzweiflung, aus Angst und Hilflosigkeit gesprochen. Die meisten Menschen sind leicht zu verunsichern und empfinden sich als Mangelwesen, auch wenn sie arrogant sind und selbstbewusst auftreten. Wir sind verletzbar und sagen unter Druck Dinge, die wir gar nicht wirklich meinen. Das sind Notschreie, aber sie verletzen uns und andere. Das Bewusstsein, dass heftige Worte sehr viel zerstören können, was dann nur schwer wieder zu heilen ist, macht mich inzwischen sehr vorsichtig in Auseinandersetzungen.

Hin und wieder werde ich um Vermittlung in Streits gebeten. Manchmal kann ich nur feststellen: Es gab zu viele Verletzungen. Da hilft nur Abstand oder Trennung. Heilen lässt sich das kaum. Man kann nur vermitteln, wenn beide Seiten sich versöhnen wollen. Und man kann Verletzungen nur dann heilen, wenn es einen Überschuss an guten Erfahrungen miteinander gibt. Manchmal muss man zuerst einige Male zusammen ins Kino gehen oder im Garten arbeiten, bevor man sich an eine Versöhnung wagen kann. Wir können nur mit den Menschen gut und konstruktiv streiten, mit denen wir uns verstehen und mit denen wir uns verbunden fühlen. Dazu mehr im dritten Teil über das Heilen.

Übung: Streiten und versöhnen

... Denken Sie an eine Person, mit der Sie schon heftig gestritten, sich aber immer wieder versöhnt haben. Denken Sie an den letzten kleinen Streit. Fragen Sie sich: »Was war der Anlass des Streits? Welche Unterschiede wurden deutlich? Wie habe ich reagiert? Was habe ich gesagt, getan oder gedacht? Wie hat die andere Person reagiert? Wie endete das Gespräch? Wie lange dauerte es bis zur Versöhnung? Was hat dabei geholfen?« Denken Sie dann an einige schöne Begegnungen mit dieser Person. Überlegen Sie: »Wie häufig streiten wir uns ernsthaft? Wie häufig fühlen wir uns wohl miteinander?«

Übung: Inspirieren

... Nehmen Sie sich immer mal wieder ein paar Minuten Zeit
und denken Sie an die Menschen, mit denen Sie viel zu tun
haben, und fragen Sie sich: »Wie kann ich dich unterstützen? Wie kann ich dir Mut machen, dein Leben nach deinen
Vorstellungen zu leben? Wie kann ich dir helfen, deine Stärken zu sehen und zu fördern?«

Wie können wir, wenn heftige Gefühle in uns lodern, Dampf
ablassen, ohne uns und andere zu verletzen? Am einfachsten
geht das für mich, wenn ich den Konflikt theatralisch ausagiere.
Wenn ich mich über Leute ärgere, die mich unter Druck setzen,
unverschämt, unzuverlässig oder arrogant sind, versuche ich das
Problem zunächst mit allen mir bekannten buddhistischen
Methoden zu verstehe und aufzulösen. Manchmal gelingt das
und manchmal nicht. Wenn es nicht gelingt, erzähle ich einer
guten Freundin ungefiltert die ganze Geschichte und bitte sie,
mir zu sagen, was ich übersehe oder eventuell falsch interpre-
tiere. Ich sage ihr offen und ehrlich, was ich unmöglich,
schrecklich und unverschämt finde. Meist finden wir schnell
den wunden Punkt, und dann löst sich die Anspannung auf.
  Wenn auch das nicht funktioniert, gehe ich in mein Zimmer
und inszeniere den Ärger. Dabei übertreibe ich ihn dramatisch:
»Eine solche Unverschämtheit habe ich noch nie erlebt. Das ist
die größte Gemeinheit meines Lebens.« Nach zehn Minuten
habe ich viel Dampf abgelassen, garantiert kein Gramm Ärger
verdrängt und so sehr übertrieben, dass ich lachen muss. Damit
breche ich dem Ärger die Spitze ab. Das Schlimmste an Ärger
und Wut ist, dass uns der Humor abhanden kommt. Wenn man
wieder lachen kann, hat der Ärger schon aufgehört.

7. Klatsch und Tratsch

Wie die heute wieder aussieht!
Die hat doch nicht alle Tassen im Schrank!
Ich mache mir wirklich Sorgen um Frau M.

Ein Leben ohne Klatsch und Tratsch scheint unmöglich. Klatsch und Tratsch scheinen das Salz in der Suppe des Lebens zu sein, vor allem bei der Arbeit. Wenn wir nicht mitmachen, fühlen wir uns ausgeschlossen. Tratschen macht aber auch Spaß. Nach einem Fest beim Aufräumen ein bisschen über die Gäste lästern dient der Psychohygiene der Gastgeber. Wenn man sich den größten Teil des Tages höflich verhalten muss, braucht man eine Auszeit, und das kann der Tratsch beim Mittagessen in der Kantine sein. Oft sind Klatsch und Tratsch auch Ersatz für die fehlende Supervision. Muss man aus sozialen Gründen mitmachen? Brauchen wir Klatsch und Tratsch zur seelischen Reinigung? Das hängt nicht zuletzt von unseren Motiven ab. Wenn wir reden, um eine Situation besser zu verstehen, merken das alle.

Welches sind dann aber die Nachteile von Klatsch und Tratsch? Zum einen schaffen wir eine nörgelige Stimmung und schaden dem Betriebsklima, wenn wir vor allem die Schwächen unserer Mitmenschen herausstreichen. Und wie beim Jammern und Meckern stärken wir die Neigung, über andere herzuziehen. Wir schaden so nicht nur den anderen, sondern vor allem uns selbst. Wenn Sie unsicher sind, ob ein Gespräch schädlicher Klatsch oder hilfreich und gesund ist, können Sie sich fragen: »Fände ich es angenehm, wenn andere so über mich reden?«

Ich habe vor kurzem mit einer Krankenschwester gesprochen. Wie sie erzählte, bestehen die Gespräche im Schwesternzimmer vor allem darin, über andere Schwestern, Ärzte und Patienten herzuziehen. Sie sagte zu mir: »Ich verweigere das seit zwei Jahren, und inzwischen haben es alle akzeptiert. Wenn sie sich genügend echauffiert haben und ich nichts dazu sage, kommt irgendwann eine der Schwestern zu mir und sagt: ›Jetzt sag mal deine Meinung, ich weiß doch, dass du das anders siehst.‹ Ich habe jetzt diese Rolle im Team. Ich bin die, die nicht klatscht und tratscht. Weil sie bemerken, dass sie klatschen, bitten sie mich inzwischen, meine abweichende Meinung beizutragen.« Ich habe bereits den Rechtsanwalt erwähnt, der von einem Tag auf den anderen aufhörte, in seiner Kanzlei schlecht über andere zu reden. Auch das wurde von den anderen bemerkt und dann akzeptiert. Es geht also auch ohne Klatsch und Tratsch. Einerseits.

Andererseits: Was machen wir nun mit den vielen Gedanken über andere Leute? Manchmal verlangt es die berufliche oder private Rolle, dass wir über andere sprechen. Die Freundin muss sich den Kummer von der Seele reden, und uns liegt ein anstehendes Gespräch im Magen. Als Vorgesetzte müssen wir die Arbeitsweise von Mitarbeitern beurteilen und auf der Elternversammlung unser Kind und die Lehrerin. Es gibt immer wieder Situationen, in denen wir über andere, auch über Abwesende, sprechen müssen. Wie können wir vermeiden, dabei uns und anderen zu schaden?

Bei einem ethischen Leben geht es nicht darum, ein Engel zu sein oder zu werden. Wenn wir bemerken, dass wir tratschen, nehmen wir es zur Kenntnis und müssen es weder rechtfertigen noch schönreden. Wir achten darauf, wann und wo und mit wem wir gerne klatschen und was wir sagen. Auf mich wirkt die Frage, ob ich möchte, dass andere so über mich reden, meist wie eine kalte Dusche. »Nein, auf keinen Fall«, höre ich mich innerlich stöhnen.

Hilfreich ist es, wenn wir uns hin und wieder für ein paar Stunden oder für einen Tag vornehmen, nichts Abfälliges über andere zu sagen. Das kann dazu führen, dass wir dann etwas stiller sind als gewöhnlich …

In dieser Zeit können wir versuchen, die guten Seiten der anderen zu entdecken und auch anzusprechen. Oder wir bemühen uns, Menschen, die sich nicht grün sind, miteinander zu versöhnen oder zumindest den Konflikt nicht zu schüren. Dazu müssen wir ihre guten Seiten und ihre Stärken sehen *wollen*. Manchmal dauert das etwas, denn es will uns »spontan« partout nichts einfallen. Falls das so ist, zeigt das die Macht der Gewohnheit. Wir sind daran gewöhnt, das Haar in der Suppe zu suchen und auf das zu schauen, was nicht klappt, und dann darüber zu lästern, zu schimpfen und zu klagen. Genauso können wir uns angewöhnen, auf die Stärken zu achten, uns darüber zu freuen und das auch zu sagen.

Übung: Klatsch und Tratsch und gute Seiten

... Wir denken an eine Situation aus den letzten Tagen oder Wochen, in der wir über eine abwesende Person eher abfällig gesprochen haben. Wir fragen uns: »Was genau habe ich gesagt? Stimmt das auch, oder sind das nur Gerüchte? Was waren meine Motive? Mag ich die Person nicht? Fühle ich mich ihr unterlegen? Gibt es Konkurrenzgefühle? Habe ich Angst vor ihr? Will ich mich durch ein scharfes Urteil profilieren?« Wir nehmen unser Verhalten und unsere Motive freundlich zur Kenntnis. Wir freuen uns, dass wir sie wahrgenommen haben. In einem zweiten Schritt denken wir an die guten Seiten dieser Person. Wir spielen die Situation noch einmal durch und stellen uns vor, dass wir über die Stärken dieser Person sprechen. Wenn uns nicht gleich viele gute Eigenschaften einfallen, dann denken wir an ein, zwei Dinge.

Manche Leute wollen besonders schlau und konsequent sein und meinen: »Wenn ich schon negative Gedanken über Leute habe, dann muss ich sie auch ausdrücken, sonst lüge ich ja.« Wie bereits im sechsten Kapitel erwähnt, gilt für den Buddhismus das Nichtverletzen als höchste Ethik und ist gleichzeitig die Grundlage aller anderen Empfehlungen. Wir müssen unseren Mitmenschen weder aus ethischen Gründen die Wahrheit um die Ohren hauen noch jeden Gedanken, den wir haben, ausdrücken. Es macht einen Riesenunterschied, ob ich denke: »Ich finde dich tödlich langweilig«, oder ob ich es dir ins Gesicht sage. Gedanken tun nicht so weh wie Worte. Wenn ich den Satz »ich hasse dich« wütend herausschreie, wirkt er stärker, als wenn ich ihn nur denke. Wenn ich ihn dann noch mit Lippenstift an den Badezimmerspiegel oder mit wasserresistenter Farbe an die weiße Flurwand schreibe, verletzt er noch mehr.

Wenn wir etwas bemerken, brauchen wir es nicht auszudrücken, aus Angst, wir könnten es sonst verdrängen. Warum wiederhole ich dies immer wieder? Weil die Angst vor dem Verdrängen oft als Ausrede dient, die momentane Stimmung an anderen auszulassen. Damit verletzen wir andere aber unnötig und beschädigen oder zerstören unsere Beziehung. Wenn wir Einstellungen, Gedanken und aufgewühlte Gefühle bemerken, können wir unseren Wunsch, sie in Worten und Taten auszudrücken, bewusst unterdrücken, weil wir andere nicht verletzen wollen. Das macht das Zusammenleben leichter, und wir reifen und werden erwachsen.

Ein Schwerpunkt dieser Übung betrifft unseren Blick auf uns und andere. Statt über andere herzuziehen, bemühen wir uns, ihre Stärken zu entdecken und das Beste in allen Beteiligten zu fördern. Wenn wir uns darin häufiger üben, gelingt es uns auch häufiger. Das Wunderbare ist, dass wir dann auch die eigenen Stärken besser wahrnehmen. Denn: Die Welt ist ein Spiegel. Statt zu klatschen und zu tratschen, bemühen wir uns um zwei Dinge: Erstens die Stärken der anderen zu sehen. Das öffnet unsere Augen auch für die eigenen Stärken. Zweitens bemühen wir uns, Streit zu schlichten, statt Konflikte zu schüren.

8. Geschwätz

Na, wie geht's heute? Alles in Ordnung?
Danke gut!

Mit sinnlosem Geschwätz vergeuden wir unser Leben. Zwischen einer interessanten Geschichte und sinnlosem Geschwätz können wir leichter unterscheiden, wenn wir anderen zuhören. Reden wir selbst, ist es schwieriger Die Definition dieser vierten Übung der rechten Rede ist einfach. Auch sie wird zunächst negativ und dann positiv formuliert: Wir bemühen uns, andere nicht mit dummem Geschwätz zu belästigen. Stattdessen bemühen wir uns, sinnvoll zu reden. Ich füge gerne hinzu: und auch zuzuhören.

Wenn wir mit einer Übung anfangen, interpretieren wir sie gerne so, dass sie zu unseren Mustern passt. Das geschieht besonders leicht bei dieser vierten Übung der rechten Rede: Geschwätz vermeiden und Hilfreiches sagen. Wenn wir uns nicht trauen, den Mund aufzumachen und dummes Geschwätz vermeiden wollen, sagen wir gar nichts mehr. Geben wir gerne gute Ratschläge, rechtfertigen wir das auch mit diesem Aspekt der rechten Rede. Wir halten langatmige Vorträge über Gott und die Welt und meinen, das sei sinnvoll und hilfreich. Mit der gleichen Einstellung vermeiden wir Smalltalk bei der Weihnachtsfeier im Betrieb und beim Geburtstagsfest der Nachbarin.

Als ich die vier Übungen der rechten Rede im August 1977 das erste Mal für einen Tag ausprobierte, habe ich vierundzwanzig Stunden lang geschwiegen. Ich lebte damals im nordindischen Dharamsala und beschloss, eine einsame Wanderung durch die sommerliche Hügellandschaft zu machen. Ich dachte, alles, was ich sage, ist entweder gelogen oder verletzt andere unabsichtlich, ist Klatsch und Tratsch oder dummes Geschwätz. In den nächsten Wochen nahm ich mir jeden Tag eine dieser Übungen als Schwerpunkt und – wurde immer stiller.

Eine Freundin nahm mich in den ersten Monaten in Dharamsala unter ihre Fittiche und führte mich in das Leben der tibetischen Flüchtlinge im indischen Exil ein. Sie respektierte meine ernsthaften Gehversuche in Sachen ethisches Leben, denn schließlich fiel mir das als linker Berliner Feministin aus der 1968er-Generation nicht gerade leicht. Nach einer Woche meinte sie aber: »Ich glaube, du kriegst diese Übung in den falschen Hals. Du sollst durch die Übungen bemerken, wie du redest, und das merkt du nicht, wenn du vor allem schweigst. Du kannst und sollst üben, aber rede bitte auch mit uns.« Ich war in eine klassische Falle getappt. Ich interpretierte die Übungen als Vorschriften und versuchte, sie perfekt einzuhalten. Das ist nicht der Sinn. Übungen sind Krücken, und wir sollten sie benutzen und damit das Gehen auch üben.

Wir können uns jeden Tag eine Übung vornehmen und auf die Dynamik von Reden und Zuhören in unseren Gesprächen achten. Wir müssen unseren Redestil weder kontrollieren noch gleich verändern. Wir achten lediglich darauf, wie unsere Gespräche ablaufen. Zwei Übungen können als Orientierung dienen.

Übung: Reden und zuhören

… Wir denken an ein längeres Gespräch in den letzten Tagen. Wir fragen uns: »Worüber haben wir geredet? Wer hat mehr oder länger geredet? War es ein Dialog oder eher ein Monolog? Wie habe ich mich nach dem Gespräch gefühlt? Wie hat sich die andere Person gefühlt? Hat sie das gezeigt?« Wir denken dann an zwei, drei weitere Gespräche mit derselben Person und fragen uns: »Laufen unsere Gespräche immer ähnlich ab? Sind Reden und Zuhören ähnlich verteilt? Wechseln die Rollen?«

Übung: Zuhören

... Wir denken an ein Gespräch, in dem wir vor allem zugehört
haben. Wir fragen uns: »Worüber haben wir geredet? Hat
mich das Thema interessiert? Fühlte ich mich wohl in dieser
Rolle? Hat die andere Person die Rollenverteilung bemerkt?
War sie abgesprochen?« Wir denken dann an eine weitere
Situation, in der wir eher mehr geredet haben, und stellen
uns die gleichen Fragen. Danach versetzen wir uns in die
Rolle der anderen Person. Wir spielen beide Situationen
noch einmal innerlich durch und betrachten sie von ihrer
Warte aus. Dabei können uns die obigen Fragen unterstützen. Wir fragen zum Schluss: »Wie fühlt es sich an, auf mei-
ner Seite zu stehen? Wie fühlt sich mein Gegenüber?«

Was heißt sinnloses Geschwätz vermeiden und sinnvoll und
hilfreich reden? Was sind sinnvolle und wichtige Themen?
Jeder Mensch findet etwas anderes wichtig. Bei diesen Übungen
geht es nicht so sehr darum, herauszufinden, welche Themen
»objektiv« wichtig oder weniger wichtig sind. Es geht nicht um
eine Hierarchie in der Welt der Vielfalt, in der Welt der »zehntausend Dinge«, wie es die chinesische Tradition ausdrückt.

Die Übungen der rechten Rede haben eine soziale und eine
individuelle, eine kulturelle und eine spirituelle Funktion. Sie
erleichtern das Zusammenleben mit anderen Menschen, und sie
helfen uns herauszufinden, was uns wirklich wichtig ist im
Leben. Gerade dabei haben mir die ethischen Übungen geholfen. Das war und ist für mich eine Schlüsselerfahrung.

Ein kurzer biografischer Rückblick soll das verdeutlichen.
Seit meiner Jugend interessiere ich mich für die großen Fragen
des Lebens. Leider hatten meine Religionslehrer wenig Sinn
dafür. Die großen Philosophen konnte ich mit Anfang zwanzig
auch nicht mit Gewinn lesen. Der Stil war mir zu trocken und

die Sprache zu kompliziert. Die abendländische Philosophie habe ich erst Anfang fünfzig mit Karl Jaspers und Hannah Arendt »entdeckt«. Um es mit Schopenhauer zu sagen: »Sie sind der Trost meines Alters.« Er meinte damit allerdings die indischen Upanischaden. Er brauchte die indische Sicht als Ergänzung zur europäischen Philosophie.

Bis Ende zwanzig stocherte ich mit meinen Lebenserfahrungen im Nebel. Gedichte ließen mich etwas ahnen, sie zeigten mir aber keinen Weg. Die Studenten- und Frauenbewegung gaben meinem Suchen für eine Weile eine Richtung. Aber auch da ging es primär um Wirtschaft, Interessengruppen und soziale Rollen und um die Kritik an fast allem. Ich vermisste die Wertschätzung für Kunst und Kultur. Wirtschaft und Geschlechterrollen sind wichtige Themen, aber ich war auf der Suche nach dem Sinn des Lebens.

Mit achtundzwanzig Jahren begegnete ich in Indien tibetischen Lamas, die dort seit ihrer Flucht aus Tibet 1959 im Exil lebten. Diese Begegnung veränderte mein Leben. Endlich fand ich Menschen, die die gleichen großen Fragen umtrieben wie mich und die es explizit für sinnvoll und wertvoll hielten, über den Sinn von Leben und Tod nachzudenken. Ich fühlte mich wie im Paradies. Und auch heute noch kann ich sagen: Der Buddhismus ist die große Liebe meines Lebens. Er hat mir die Tür zur Tiefendimension des Lebens geöffnet, zum Unbekannten.

Für mich bedeutet sinnloses Geschwätz vor diesem Hintergrund, sich nur im Bekannten bewegen und auf der Oberfläche der Erfahrungen. Das kann man auch mit religiösen und philosophischen Begriffen tun. Sinnvoll in diesem Sinn sind Gespräche, die uns an den Rand des Bekannten führen und neue Dimensionen erahnen lassen. Es geht gerade nicht darum, uns gegenseitig mit Detailwissen zu erschlagen, sondern den roten Faden im Leben zu finden. Der »Erfinder« der Logotehrapie (Sinntherapie) Viktor Frankl formuliert das sehr bescheiden.

Für ihn kann der Sinn des Lebens fast alles sein: Singen und Gartenarbeit, Musizieren und Gedichteschreiben oder Lesen, Holzarbeiten und Stricken. Wenn wir Dinge mit ganzem Herzen tun, sind sie ein Weg in die Tiefendimension des Lebens.

Das hieß nun nicht, dass wir keine leichten Gespräche führen sollten. Der Philosoph Immanuel Kant wies genauso wie Sokrates und seine Schüler auf Folgendes hin: Damit wir selbstständig denken lernen, reicht es nicht, kluge Bücher zu lesen und im stillen Kämmerlein darüber nachzudenken. Wir müssen auch mit anderen darüber sprechen. Kant meinte außerdem, wir bräuchten Spiel und Zerstreuung, damit wir das Denken nicht verlernen. Fazit: Wir brauchen Zeiten, in denen wir die Seele baumeln lassen und frisch von der Leber weg reden können. Wir brauchen Spiele und leichte Unterhaltung. Was gibt es Schöneres, als im Kreis von vertrauten Menschen über dies und das zu reden, ohne jedes Wort auf die Goldwaage legen zu müssen.

Wie die Übung der sinnvollen Rede nicht gemeint ist, kann folgende Geschichte zeigen. Als ich hochinspiriert und bis ins Mark berührt und fasziniert von den buddhistischen Lehren und Übungen nach zwei Jahren Studium und Meditation in Indien und Nepal 1979 nach Berlin zurückkehrte, waren einige meiner alten Freundinnen und Freunde »not amused at all«. Als gut erzogene Mitteleuropäerin wollte ich nicht mit der Tür ins Haus fallen und fragte zunächst, wie es ihnen gehe. Sie erzählten von Arbeitsprojekten und finanziellen Sorgen, von spannenden Büchern und komplizierten Beziehungen und beklagten die politischen Verhältnisse in unserem Land und anderswo. »Ach ja, interessant. Mmm, wirklich wichtig. Na so was«, höre ich mich immer wieder sagen.

Wenn dann die Rede auf Indien und Nepal, auf Buddhismus und Meditation, auf Leben und Tod kamen, da begannen meine Augen zu leuchten. Jetzt wurde es interessant. Nach einem halben Jahr meinte eine meiner Freundinnen: »Interessiert es dich eigentlich überhaupt, was ich dir über meine Arbeit und meine Beziehung erzähle?« Ich musste gestehen, dass es mich kaum interessierte. Ein wenig Anteilnahme war schon da, denn es ging um eine gute Freundin. Aber wirkliches Interesse war in der Tat nicht vorhanden.

Ich begann mich zu fragen, ob meine Motivation, nur über sinnvolle und wesentliche Dinge zu sprechen, vielleicht nicht nur »heilsam« war, sondern sehr vermischt mit Arroganz und Ablehnung alltäglicher Themen. Mir dämmerte: Was mir fehlt, ist Mitgefühl und Achtung für meine Mitmenschen, sogar für die, die ich mag. Ich hielt mein von buddhistischen Lehren und Übungen geprägtes Leben für wertvoller als das meiner Freundinnen und Freunde. Mit ihrer direkten Frage hatte meine Freundin in das Wespennest meiner Überheblichkeit gestochen. Ich bin ihr heute noch dankbar dafür.

Worüber wir auch reden, über den Sinn des Lebens oder die Rosen im Garten, über die neue Katze der Nachbarin oder die Gesundheitsreform und Hartz IV, es kommt auf unsere Einstellung an. Arroganz und Abwehr sind negative Haltungen, und die Nachbarin spürt das, selbst wenn es ihr nicht einmal bewusst wird. Sie fühlt sich angegriffen und abgelehnt. Damit setzen wir den Kreislauf des Leidens fort. Und ihn wollen wir mit den Übungen der rechten Rede deutlicher erkennen und unterbrechen.

Smalltalk ist wichtig. Wir nähern uns einander mit unverfänglichen Gesprächen an. Wir signalisieren Achtung und Wertschätzung und bereiten den Boden für tiefere Gespräche. Nicht nur kleine Geschenke erhalten die Freundschaft, auch kleine Gespräche vor der Haustür, im Café oder am Gartenzaun tun das. Sie machen das Leben leichter und verbreiten Freude.

Wir können mit Unbekannten im Biergarten über Autos oder Hundezucht, über japanische Zahlenrätsel und vegetarisches Essen reden und uns dabei des Lebens freuen. Denn es sind nicht nur die Worte, die etwas bewegen, es ist der ganze Mensch mit seinem ganzen Leben. Das wird besonders deutlich im respektvollen und liebevollen Smalltalk. Wenn leichte Gespräche beiden Seiten gut tun, sind sie »hilfreich«, auch wenn es nur Smalltalk ist. Wenn eine Seite oder beide Beteiligten nach solchen Gesprächen eher genervt ist, beherrschen wir die Kunst des »guten« Smalltalks noch nicht. Dann sollen wir weiter experimentieren.

Drei: Erste Schritte und Stolpersteine

Wenn wir etwas Neues ausprobieren, machen wir Fehler. Und aus Fehlern können wir lernen. Wenn wir unser Redeverhalten zum Besseren verändern wollen, sind vier Dinge wichtig. Erstens: Nur wenn wir unsere *Erwartungen* erkennen, können wir sie hinterfragen und abbauen. Zweitens: Da alle Leute Fehler machen, nützt es nichts, darüber zu jammern. Mit *Höflichkeit* und gutem Benehmen, mit Lob und Komplimenten unterstützen wir uns auf der oft stürmischen Reise des Lebens. Drittens: Schädliche alte Redegewohnheiten zu verändern ist nicht leicht. Das müssen wir *üben*, denn gute Vorsätze und eine kurze oder lange Liste von Thesen reichen nicht. Viertens: Es gibt typische *Fallen*, in die wir leicht geraten können, wenn wir uns um eine Veränderung unseres Verhaltens bemühen.

9. Erwartungen

Probleme entstehen, wenn wir nicht wissen, aber glauben,
dass wir wissen. (Suddhananda)

Hinter jeder Enttäuschung steht, wie wir bereits gesehen haben, eine Täuschung, Im Buddhismus gilt jede Vorstellung, die wir nicht als solche erkennen, als Täuschung und damit als falsches Denken. Wie Täuschungen entstehen und wie wir sie erkennen, beschreibt dieses Kapitel.

Alles, was wir über uns und andere, über Dinge und Umstände denken, ist zunächst eine Arbeitshypothese, auch jeder Begriff und jedes Wort. Sprache und Denken bilden unsere Erfahrungen nicht eins zu eins ab, sondern sie tun es symbolisch, mit Bildern und Begriffen. Wenn wir uns dessen bewusst sind, gibt es keine Probleme. Probleme entstehen, wenn wir unsere Annahmen für bare Münze nehmen. Der zeitgenössische indische Vedanta-Meister Suddhananda fasst es so zusammen: »Probleme entstehen, wenn wir nicht wissen, dass wir nicht wissen.« Der griechische Philosoph Sokrates formulierte seine tiefste Einsicht so: »Ich weiß, dass ich nichts weiß.« Erkennen und wissen, dass wir nicht wissen, klingt einfach, ist aber selbst dann schwer umzusetzen, wenn uns dämmert, dass wir mit sehr vielen unüberprüften Arbeitshypothesen leben.

Erwartungen führen dann nicht zu persönlichen und politischen Dramen, wenn wir sie bemerken. Das ist der erste Schritt. Es geht nicht darum, »nichts mehr von anderen zu erwarten«. Wir dürfen alles erwarten: Dass sie immer pünktlich und locker, gut gelaunt und kompetent, sensibel und hochmotiviert sind. Dass es in der Welt gerecht zugeht und sich nicht alles nur ums liebe Geld dreht. Dass sich gute Umstände nie zum Schlechteren verändern und schlechte Bedingungen zum Besseren, und zwar immer und sofort. Wir dürfen alles erwarten, von uns und von anderen. Wir sollten nur wissen, dass es lediglich Erwartungen sind. Dann sind wir offener für das, was tatsächlich geschieht. Dann regen wir uns nicht nur auf, sondern können unsere Energie, Intelligenz und Lebenserfahrung dafür einsetzen, das Beste aus der Situation zu machen.

Wir dürfen alles erwarten, wenn wir uns auch für die Bedingungen interessieren, die uns vom Punkt A, wo wir stehen, zu Punkt B, dem erwarteten Ziel, hinführen. Wenn wir die notwendigen Bedingungen kennen und schaffen, die für die Erfüllung unserer Wünsche notwendig sind, und zwar ohne den Rest der Welt zu missachten. Was braucht die Klatschtante im Team, damit sie ihre Nase weniger in die Angelegenheiten anderer steckt? Wie kann ich den bissigen Hausmeister so begrüßen, dass hin und wieder ein heimliches Lächeln über sein Gesicht huscht? Was kann ich tun oder lassen, dass ich nicht wie auf

Knopfdruck bei bestimmten Schlüsselworten explodiere oder weiter zusammenbreche? Was kann ich selbst dafür tun, dass die Globalisierung nicht nur kurzfristig den Wohlhabenden nützt und dabei Tag für Tag die Lebensbedingungen zum Schlechteren verändert und kulturelle Schätze zerstört? Auf viele Fragen habe ich keine Antwort und erwarte doch immer wieder, dass die Welt nach meiner Pfeife tanzt. Das nennt der Buddha Verblendung oder Unwissenheit.

Jedes Mal, wenn wir uns ärgern, hatten wir eine Erwartung, die sich nicht erfüllte. Denken Sie daran: Es heißt »*sich* ärgern«. Mit unseren unbewussten Erwartungen ärgern wir uns selbst, und dann geben wir anderen die Schuld. Ärger und Enttäuschungen sind wunderbare Alarmsignale. Sie weisen auf unbewusste Wünsche und unrealistische Vorstellungen hin. Eigentlich könnten wir jedes Mal jubeln, wenn wir enttäuscht werden, weil wieder einmal eine Selbsttäuschung aufgedeckt wurde.

Übung: Die Täuschungen hinter der Enttäuschung suchen

... Wir denken an eine Situation aus den letzten Tagen, in der wir uns geärgert haben, und fragen uns: »Worüber habe ich mich geärgert? Was war der Anlas? Ein Verhalten, eine Geste, ein Satz, ein Wort? Oder hat etwas gefehlt? Wie habe ich darauf reagiert? Was habe ich gesagt, getan oder gedacht? Was hat meine Reaktion bewirkt? Bei mir und bei den anderen?« Im zweiten Schritt fragen wir uns: »Was habe ich erwartet? Wie habe ich mir die Situation gewünscht?« Wir nehmen unsere Erwartung zur Kenntnis und verurteilen uns nicht dafür. Wir spielen die Situation noch einmal durch und versuchen unsere Erwartung als Arbeitshypothese zu sehen. Vielleicht gelingt es uns im Freiraum der Übung, unsere Erwartungen herunterzuschrauben. Wenn es gelingt, ist das schön, wenn nicht, probieren wir es an einem andern Tag noch einmal.

Es geht also darum, die Erwartungen und Täuschungen hinter unseren Enttäuschungen zu entdecken. Wenn wir bemerken, was wir uns wünschen, können wir unsere Vorstellungen überprüfen. Ist es realistisch, von dem Macho-Kollegen zu erwarten, dass er keine Blondinenwitze erzählt? Hört die Nachbarin auf, mir zum fünfundzwanzigsten Mal von ihrer Ehekrise zu erzählen, wenn ich das nicht will? Wenn wir diese Übung viele Male durchführen und zwanzig Mal die Täuschung hinter der Enttäuschung entdeckt haben, können wir die Situation vielleicht etwas entspannter sehen. Wenn wir verstehen, dass eine Erwartung unrealistisch ist, lässt der Leidensdruck nach. Verstehen versöhnt mit der Wirklichkeit, sagt der Philosoph Hegel. Der Buddha sagt: Unbewusste Erwartungen und falsche Konzepte führen zu Enttäuschungen. Gültige Konzepte machen das Leben leichter. Sie versöhnen mit den Bedingungen, ohne dass wir unser Herz verschließen und gleichgültig werden.

Was machen wir nun mit unseren Erwartungen? Ich finde die meisten Blondinenwitze immer noch dumm und unverschämt, und ich mag mir auch nicht jede Woche die gleichen Eheprobleme anhören. Auch da gibt es keine Tipps, die immer funktionieren. Wir können es mit Humor versuchen. Manchmal traktiere ich einen unfreundlichen Berliner Busfahrer oder nörgeligen Schuster so lange mit frechen Bemerkungen, bis er mitspielt. Hinter einer bärbeißigen Haltung steckt manchmal viel Humor.

Wenn ich mir klarmache, dass mich meine Mitmenschen in der Regel nicht bewusst ärgern oder verunsichern wollen, bin ich weniger verletzt. Sie verhalten sich bewusst oder unbewusst eben so oder so. Der Kollege ist heute mit dem linken Fuß aufgestanden, die neue Kollegin ist umständlich und die Nachbarin denkt nicht über die Wirkung ihrer Worte nach. Na und? Timothy Leary hat einmal gesagt: »Habt keine Angst. Niemand tut dir etwas. Es sind alle viel zu sehr mit sich selbst beschäftigt.« An diesen Satz denke ich oft, und er hilft mir eigentlich immer. Zumindest nimmt er Druck weg.

Es ist fast unmöglich, Erwartungen zu erkennen, wenn wir sie und unseren Standpunkt oder unsere Sicht der Dinge mit harten Fakten rechtfertigen. Es ist auch deshalb so schwer, weil es gesellschaftlich sehr anerkannt ist. Wer gut zitieren kann, hält sich für unangreifbar. Das ist eine Falle. Wir suchen so lange nach Fakten, die unsere Sicht rechtfertigen, bis wir unfähig sind, unsere Meinung zu hinterfragen. Es ist kein Problem, einen Standpunkt zu haben, im Gegenteil, aber es reicht, wenn wir ihn als unsere Meinung mitteilen. Der englische Philosoph österreichischer Herkunft Sir Raimund Popper hat einen brillanten Ansatz entwickelt, der als das »Poppersche Falsifikationskriterium« Philosophiegeschichte machte. Er empfahl seinen Kollegen, wenn sie eine neue Arbeitshypothese oder Theorie aufstellen wollten, zunächst nach Fakten zu suchen, die dieser Theorie widersprechen. Gute Philosophie und Wissenschaft treiben die Menschen, die das nicht nur anderen empfehlen, sondern sich selbst daran halten. Mit solchen Menschen kann man auch gut zusammenarbeiten.

Wenn uns Erwartungen bewusst werden und wir bemerken, dass diese oder jene Person sie über Jahre nicht erfüllt und auch nicht erfüllen kann, fassen wir Mut, klare Grenzen zu setzen, bestimmte Beziehungen auf Sparflamme zu halten oder ganz abzubrechen. Dazu erfahren Sie mehr im zweiten Teil mit den Schwerpunkten Lernen, Leben, Streiten. Wie man mit einfachen Worten und Gesten Wunder wirken kann, davon handelt das nächste Kapitel über Höflichkeit und gutes Benehmen.

10. Höflichkeit

Gutes Benehmen ist gleich nach dem Erwachen
das Wichtigste im Leben. (Zen-Spruch)

Zur emotionalen Intelligenz gehört die Fähigkeit, entspannte und offene Gespräche zu führen. Eine gute Atmosphäre ist die halbe Miete. Die besten Voraussetzungen sind da, wenn wir die anderen achten und wertschätzen, uns klar ausdrücken und gut zuhören können. Das ist leider nicht immer der Fall. Was hilft uns, wenn wir schlecht gelaunt oder müde, unvorbereitet oder erkältet, wütend oder nervös sind? Dann helfen: eine Minimal-ethik der rechten Rede, gutes Benehmen und Höflichkeit.

Höflich sein bedeutet wörtlich sich benehmen »wie bei Hofe«. Das gilt in allen europäischen Sprachen (engl. *courteous*, franz. *courtois*). Höfliches Verhalten und höfliche Rede schützen den schönen Schein, bewahren uns davor, das Gesicht zu verlieren und streicheln die Seele. Wir wissen, dass es dabei nicht in erster Linie um Ehrlichkeit geht, sondern darum, sich das Leben leichter zu machen. Gutes Benehmen und Höflichkeit galten für einige Jahrzehnte als spießig, bürgerlich dekadent und unehrlich. Als Reaktion auf die prüden fünfziger und sechziger Jahre des zwanzigsten Jahrhunderts wollte meine Generation in den späten 1960ern und 1970ern nichts davon wissen. Authentisch die Gefühle ausdrücken und anderen ehrlich die Meinung sagen galt als besser. Das hat sich inzwischen geändert, und Bücher über gutes Benehmen sind wieder Verkaufsschlager.

Aber auch heute noch gibt es Menschen, die ihre Nachbarn nicht grüßen und eine bestimmte Kollegin nicht anschauen, weil ihnen gerade nicht danach ist, und sie halten das für authentisch. Ich halte das eher für das Ausleben unbewusster Abwehr. Wer die Verletzung anderer in Kauf nimmt, wird in der Regel nicht von Zuneigung und Achtung geleitet, sondern von Ärger, Arroganz oder Gleichgültigkeit. Auch wenn unfreundliches Verhalten mit Selbstachtung begründet wird, ist das keine wirkliche Wertschätzung, denn sie beruht auf der Abwertung von anderen. Das trägt nicht weit.

Übung: Höflichkeit

... Wir denken an eine Person in unserem Umfeld, die wir höflich finden. Wir denken an unsere letzte Begegnung und fragen uns: »Worüber haben wir geredet? Wer hat mehr, wer hat weniger gesprochen? Was fand ich höflich im Verhalten? Wie habe ich mich dabei gefühlt? Wie ging es mir nach der Begegnung? Wie fühle ich mich, wenn ich jetzt an diese Person denke?« Wir denken an zwei, drei weitere Begegnungen der letzten Tage und fragen uns: »Bin ich höflich gewesen? Wie hat sich das ausgedrückt? Macht mir Höflichkeit Freude? Finde ich es manchmal belastend, eine bestimmte Form zu wahren?«

Im Reden und Verhalten möchten wir manchmal sehr gerne authentisch sein, auch wenn wir andere dabei verletzen. Hätten wir beim Essen und Trinken, beim Rauchen und Reden, beim Computerspielen, Fernsehen und Zeitunglesen die gleiche Sorge um ein Zuviel oder Zuwenig, wären wir vermutlich alle schlanker, gesünder und weniger durcheinander. Doch rechtfertigen wir mit dem Hinweis auf Authentizität meist nur das eigene Verhalten. Das ist nicht leicht zu verändern und abzulegen. Spielregeln und Hausordnungen, ethische Regeln und Höflichkeit schützen uns und andere vor heftigen Gefühlen und schlechten Gewohnheiten. Sie sind ein Schutz in schlechten Zeiten, wenn wir die Welt durch die graue oder schwarze Brille sehen, uns Leute auf die Nerven gehen oder wir unsicher sind. Wenn uns das Gespür für andere Menschen fehlt und wir nicht wissen, wie wir das Beste in uns und anderen fördern können, stützen wir uns auf Benimmregeln und ethische Richtlinien. Dann üben wir zumindest die erste Ebene der Ethik: Wir verletzen nicht bewusst und gezielt andere Menschen.

Das bewusste Unterdrücken von verletzenden Impulsen macht weder neurotisch noch krank. Was uns krank macht, sind Angst und Abwehr, Anspannung und Ärger, die wir nicht genau wahrnehmen. Weil wir sie nicht bemerken, projizieren wir sie gerne auf andere. Dann leiden wir unter den unangenehmen Mitmenschen und merken nicht, dass die Quelle der Anspannung in uns liegt.

Manche halten Höflichkeit für Heuchelei und lehnen sie mit diesem Argument ab. Heuchelei aber ist Lügen und Geschwätz in Kombination, mit einem Körnchen Abwehr und Arroganz vermischt. Das können wir, wenn wir genau hinschauen, von einem höflichen Verhalten unterscheiden. Grundsätzlich müssen wir abwägen. Was richtet weniger Schaden an? Ein nicht ganz aufrichtiges Kompliment oder eine ehrliche rüde Bemerkung? Freundlicher Smalltalk oder ehrliches Schweigen?

Wir finden das leichter heraus, wenn wir unsere Mitmenschen mit ihren Stärken und Schwächen liebevoll beobachten und nach bestem Wissen und Gewissen handeln. Der Wunsch, nicht zu verletzen, wird uns leiten. Und wenn wir anderen ungewollt wehtun, können wir uns entschuldigen. Das wird in der Regel gut aufgenommen. Hinter der Angst vor unechtem Verhalten steht manchmal die Befürchtung, gut eingeübte Rollen nicht ablegen zu können. Wir wollen nicht nur Rollen spielen, sondern auch sein, »wie wir wirklich« sind. Dazu mehr im 15. Kapitel.

Komplimente tun gut. Freuen Sie sich, wenn Ihnen jemand sagt, dass Sie heute gut aussehen? Höflichkeit und Lob sind nicht das Gleiche, aber eng verwandt. Höflichkeit ist eine allgemeine Haltung, die sich aus unterschiedlichen Motiven speist.

Lob bezieht ich eher auf sichtbares und spürbares Verhalten. Es schadet nicht, wenn wir ab und zu die Arbeit der Dame im Reisebüro, die sorgfältige Beratung im Elektrogeschäft und das Essen beim Italiener nebenan loben. Es ist nicht selbstverständlich, dass Menschen gute Arbeit leisten. Sie freuen sich genauso über Lob wie wir.

Komplimente und Lob kommen besonders gut an, wenn sie auch so gemeint sind. Manchmal muss man ein wenig genauer hinschauen, bevor man bemerkt, dass die etwas schwierige Kollegin zum dritten Mal Kekse mitgebracht hat. Wenn wir unsere Mitmenschen mit Komplimenten und Lob aufmuntern und stärken wollen, schauen wir mehr auf das, was klappt, gut läuft und schön ist. Wir starren nicht zwanghaft auf das, was schiefgeht. Es geht immer etwas schief. Jeden Tag. Das gehört zum Leben. Es wird leichter, wenn wir höflich miteinander umgehen und uns ab und zu etwas Nettes sagen.

Übung: Komplimente und Lob

... Wir denken an die letzte Situation, in der wir ein Kompliment bekamen, und fragen uns: »Was genau hat diese Person gesagt? Wie habe ich mich dabei gefühlt? War das Kompliment ernst gemeint? Macht diese Person mir häufiger Komplimente?« Dann denken wir an eine Situation, in der wir jemanden gelobt haben, und fragen uns: »Was genau habe ich gesagt? Fiel es mir leicht? Wie hat die andere Person reagiert? Konnte sie es gut annehmen?« Zum Abschluss fragen wir uns: »Mache ich häufig Komplimente? Spreche ich manchmal ein Lob aus? Tue ich das gerne? Bekomme ich häufig Komplimente? Werde ich gelobt? Gefällt mir das? Freue ich mich darüber?«

11. Üben, üben, üben

Es gibt nichts Gutes, außer man tut es. (Erich Kästner)

Mit zehn Jahren war ich ein ziemlich frommes Kind. Ich war gerade zur Erstkommunion gegangen und beichtete jeden Monat mit Lust und Liebe Danach fühlte ich mich leicht und rein und wählte einen besonders schönen Heimweg durch einen alten Park. Ich hüpfte und sprang wie ein Engel, denn so stellte ich mir damals Engel vor, als fröhliche Wesen, die eben unbeschreiblich rein sind. Mein größter Kummer bestand darin, dass dieses Gefühl der Reinheit und Unbeschwertheit nicht anhielt. Keinen ganzen Tag.

Ich wollte so gerne brav sein, keine Widerworte geben, regelmäßig morgens und abends beten und nicht mit einem gleichaltrigen Vetter streiten. Ich wollte weder die zwanzig Pfennig Wechselgeld beim Einkaufen heimlich behalten und davon Bonbons und kleine Autos kaufen noch lügen. Es gelang mir aber nicht. Die frechen Worte hüpften einfach aus meinem Mund heraus, und morgens freute ich mich so sehr auf den Tag, dass ich das Morgengebet meist vergaß. Obgleich ich mir an die schräge Decke meines Dachzimmers einen großen Zettel angeheftet hatte: Morgengebet nicht vergessen. Ich wollte gerne gut sein, aber ich schaffte es nicht.

So geht es auch Erwachsenen. Wir nehmen uns am Geburtstag oder zu Neujahr vor, weniger über andere zu lästern, mehr Sport zu treiben, mehr die Stärken in uns und anderen zu sehen und häufiger Gedichte zu lesen.

Es würde uns nämlich gut tun. Warum tun wir es dann nicht? Der Buddha meint, weil wir es nicht üben. Einsicht allein reicht nicht. Gute Vorsätze und fromme Wünsche auch nicht. Wir müssen es lernen, so wie wir Rad fahren und schwimmen, Klavier spielen und schreiben lernen. Auch das dauert Jahre, aber dann können wir es, und wir vergessen diese Dinge nie wieder völlig, selbst wenn wir sie jahrelang nicht üben. Beim Radfahren und Klavierspielen leuchtet es uns ein, dass wir regelmäßig üben müssen, damit wir es mühelos können. Bei Ansichten und emotionalen Mustern, Vorlieben und Gewohnheiten glauben wir oft, der Wunsch oder die Einsicht reichten aus. Wenn wir weniger lügen und verletzen, tratschen und schwätzen wollen und stattdessen sagen, was wahr ist, wenn wir inspirieren, versöhnen und stärken wollen, dann reicht es nicht, dies nur zu wollen, wir müssen es üben, und zwar regelmäßig.

Was bedeutet Üben? Ich stelle in diesem Kapitel die Vier Edlen Wahrheiten des Buddha kurz vor, denn sie zeigen den Kontext auf, in dem das Üben steht.

Bei seiner ersten Predigt nach dem Erwachen sprach der Buddha über vier Tatsachen, die wahr sind. Zu jeder gehören eine Aussage und eine Aufgabe. Erste Wahrheit: Es gibt Leiden. Das müssen wir erkennen. Zweite Wahrheit: Das Leiden hat Ursachen: Unwissenheit und Begehren Die müssen wir erkennen und loslassen. Dritte Wahrheit: Das Leiden kann aufhören. Das müssen wir erleben. Vierte Wahrheit: Es gibt einen Weg aus dem Leiden. Den müssen wir gehen.

Der klassische buddhistische Weg besteht aus acht Übungsfeldern. Sie werden »recht« oder »angemessen« genannt, weil ihre Übung uns dem Ziel des Weges, dem Aufhören des Leidens, näherbringt. Die acht Übungsfelder werden traditionell in drei Gruppen eingeteilt: Einsicht, Ethik und Sammlung. Zur Einsicht gehören Ansichten und emotionale Einstellungen, zur Ethik Verhalten, Rede (davon handelt dieses Buch) und Lebenserwerb, das heißt, die Art und Weise, wie wir unser Geld verdienen. Zur Sammlung im weiteren Sinn gehören Achtsamkeit, Bemühen und Sammlung im engeren Sinn. Vor allem diese letzten drei Bereiche des Weges spielen eine wichtige Rolle bei der systematischen Übung, und sie sind auch der Schwerpunkt dieses Kapitels.

Was ist rechte *Achtsamkeit*, Pali *sati*, Sanskrit *smriti?* Dieser Schlüsselbegriff der buddhistischen Übung hat zwei Grundbedeutungen, die in der deutschen Übersetzung Achtsamkeit nicht zum Ausdruck kommen, und auch nicht in anderen westlichen Sprachen. Die eine Bedeutung ist *bemerken*, was jetzt gerade geschieht: in und mit mir, bei anderen, um mich herum. Bemerken, was geschieht, heißt bemerken, dass ich sehe, höre, rieche, schmecke, spüre oder denke. Die zweite Bedeutung ist *sich erinnern* an das, was heilt und hilft. Wir nutzen beide Fähigkeiten im Alltag und in der systematischen Meditationsübung. Wir nennen uns *homo sapiens sapiens*, weil wir nicht nur sehen und hören und denken können, das wäre der *homo sapiens*, sondern das auch bemerken und uns unserer selbst bewusst werden können. So könnte man die Bedeutung des zweiten *sapiens* buddhistisch interpretieren. Meditieren heißt in diesem Kontext eine günstige Umgebung schaffen, in der diese natürliche Fähigkeit, zu bemerken und sich zu erinnern, mehr Raum hat.

Was ist angemessenes, konstruktives *Bemühen?* Die traditionelle Definition ist zugleich eine klare Handlungsanweisung: »Wenn Heilsames nicht da ist, es wecken. Wenn es da ist, es fördern. Wenn Unheilsames nicht da ist, es nicht wecken. Wenn es da ist, es verringern oder stoppen.« Wenn wir das mit den Übungen der rechten Rede immer wieder versuchen, ist das rechtes Bemühen. Damit wird deutlich, dass wir es gar nicht schaffen können. Sonst bräuchten wir keine Regeln. Der tibetische Lama Thubten Yeshe empfahl folgenden Ansatz: Wir können ethische Regeln als Übung aufnehmen, wenn wir uns in diese Richtung entwickeln wollen. Sie dienen uns dann als Krücken und Orientierung, weil wir eben noch nicht richtig ethisch leben können.

Was ist *Sammlung?* Mit ganzem Herzen bei der Sache sein. Wenn wir völlig versunken einen spannenden Roman oder Artikel lesen, erleben wir Sammlung. Wenn wir selbstvergessen Geige spielen oder ein Lied singen, erleben wir Sammlung. Der Schlüssel zur Sammlung ist Interesse und Hingabe, Inspiration und Freude. Wir können sie nicht erzwingen, ihr aber eine Chance geben, indem wir uns mit Themen und Dingen befassen, die uns am Herzen liegen.

Disziplin und Willenkraft sind hilfreich, wenn Interesse oder Inspiration schwanken. Genauso wie ethische Regeln sind sie eine ausgezeichnete Hilfe in schlechten Zeiten, wenn wir müde oder krank, unruhig oder träge sind. Wenn wir nur dann meditieren, wenn uns danach ist und wir inspiriert sind, werden wir nicht oft und nicht lange üben. Wenn wir ohne existentielles Interesse an uns und der Welt üben, können wir uns vielleicht mit der Zeit besser konzentrieren, wir werden aber nie begreifen, was wir da eigentlich tun. Und wir werden nie verstehen, was uns und die Welt im Innersten zusammenhält.

Achten Sie für ein, zwei Monate jeden Tag auf eine der vier ethischen Regeln der rechten Rede, die in Kapitel fünf bis acht beschrieben wurden. Reservieren Sie sich am Morgen oder Abend zehn oder zwanzig Minuten dafür, lesen Sie ein Kapitel in diesem Buch und machen Sie eine der Übungen. Sie können sich auch jeweils die erste oder letzte Woche des Monats als Übungswoche in den Kalender eintragen. Wenn Sie überhaupt keine Lust zum Üben haben, setzen Sie sich einfach zehn Minuten aufs Sofa und starren Löcher in die Luft. Dann gewöhnt sich zumindest der Körper ans Üben. Wachwerden, verstehen und sich verwandeln sind einfach, wenn wir uns regelmäßig die Chance geben, in unserem Alltagstrott innezuhalten. Wenn wir der innewohnenden Achtsamkeit Raum geben. Probieren Sie es einfach aus. Üben ist ungefährlich, es schadet niemanden, und es öffnet das Herz und klärt den Geist.

12. Fallen

Gut Ding will Weile haben.
Jede lange Reise beginnt mit dem ersten Schritt.

In diesem Kapitel möchte ich typische Fallen beschreiben, in die wir auf unserem Übungsweg leicht geraten können. Ich skizziere die Fallen, in die ich selber geraten bin und die ich persönlich gut kenne, und einige weitere, von denen mir Kollegen und Kolleginnen und die Teilnehmerinnen und Teilnehmer meiner Kurse erzählt haben. Einig wurden bereits bei den jeweiligen Übungen erwähnt, ich möchte sie hier aber nochmals gesondert zusammenstellen. Typische Fallen sind: Übungen als Vorschriften interpretieren; Kontrollwünsche; zu hohe Ideale; Perfektionswahn; schnelle Resultate wollen. Minderwertigkeitsgefühle, brav sein wollen. Sie alle verhindern offene und klare Gespräche und ein gutes Miteinander. Das Gute an Fallen ist, dass wir sie bemerken können. Wenn wir überzogene Erwartungen und irrige Vorstellungen bemerken, glauben wir ihnen nicht mehr unbesehen und können sie mit geeigneten Methoden langsam und geduldig auflösen.

Übungen sind *keine Vorschriften*, auch die Regeln der rechten Rede nicht. Es sind Übungsvorschläge, die Ihnen helfen zu bemerken, wie Sie reden und was Ihr Redeverhalten bei Ihnen selbst und bei anderen bewirkt. Wir bemühen uns, nicht zu lügen, weil wir noch nicht wissen, wie das geht, gar nicht zu lügen. Weil wir es noch nicht können. Ich möchte das am Beispiel einer einfachen Atemmeditation verdeutlichen. Auch wenn Sie mit Meditation vertraut sind, schlage ich Ihnen vor, diese kleine Übung jetzt gleich durchzuführen.

Übung: Den Atem spüren

... Setzen Sie sich bequem in einen Sessel, aufs Sofa oder auf einen Stuhl mit einer geraden Lehne. Spüren Sie etwa zehn Minuten Ihren Atemrhythmus. Sie brauchen ihn nicht zu verändern. Atmen Sie natürlich und sagen Sie innerlich beim Ausatmen: »Ja zum Leben«, und beim Einatmen: »Danke fürs Leben«. Wenn Sie bemerken, dass Sie an Zukünftiges oder Vergangenes, an angenehme oder unangenehme Dinge denken, nehmen Sie das zur Kenntnis und kehren Sie zum Atmen zurück. Bleiben Sie zum Schluss einige Momente still sitzen und lassen Sie Ihre Gedanken schweifen.

Konnten Sie Ihren Atem spüren? Konnten Sie ihn sein lassen? Wollten Sie ihn beeinflussen? Wollten Sie ihn tiefer und ruhiger »machen«? Das geht allen so, auch noch nach Jahren der Übung. Diese kleine Übung zeigt ein typisches Muster der Macher-Menschen. Wenn wir unser Redeverhalten und unsere Selbstbilder beobachten, wollen wir sie bewusst oder unbewusst kontrollieren und korrigieren. Wir machen das bei der Atemmeditation und wenn wir die nächste Woche planen, uns auf ein schwieriges Gespräch mit einer Kollegin vorbereiten, unser Gesicht im Spiegel betrachten und in einer Gruppe singen oder tanzen. Das Leben wird leichter, wenn wir diese Tendenz erkennen.

Wenn wir auf unsere Bewegungen und unsere Rede achten, wollen wir sie kontrollieren und korrigieren, auch wenn wir keine Ahnung haben, was besser wäre und wie wir dahin kommen. Übungen sind dazu da, dass wir bemerken, was wir tun, sagen und denken. Verhalten und Worte bemerken ist leichter, Gedanken bemerken ist das Oberstufenprogramm. Wir fangen am besten mit dem großen A an, und schreiben es hundertmal, entspannt und mit Interesse. Das große A steht hier für die Atemmeditation oder für die Übung Klatsch und Tratsch: Heute achte ich darauf, wie ich klatsche und tratsche. Veränderungen brauchen ihre Zeit.

Übungen funktionieren gut, wenn wir es machen wie die Kinder. Wenn Kinder laufen lernen, gehen sie einen Schritt, fallen auf den Bauch und lachen. Sie stehen wieder auf, gehen zwei Schritte, fallen hin und lachen. Meistens. Wir sind Buddha-Babys, wir lernen gerade »ethisch« laufen. Stellen Sie sich vor, ein dreizehn Monate altes Kind, das gerade laufen lernt, sagt: »Nee, ich laufe erst, wenn ich es perfekt kann.« Das Kind würde nie laufen lernen. Wir können die Übungen der rechten Rede und alle Meditationsübungen wie ein neues Spiel betrachten und damit spielen. So lernen wir leicht und schnell.

Wenn wir den Mund öffnen, um etwas zu sagen, oder wenn wir eine Suppe kochen, brauchen wir nicht nur eine Idee und Interesse an dem, was wir tun, sondern auch Mut. Zum Sprechen und Handeln brauchen wir Mut, weil wir damit Prozesse in Gang setzen, deren Auswirkungen wir nicht kontrollieren können (Hannah Arendt). Wenn wir ethisch reden lernen wollen, brauchen wir Mut, den Mut, auch Fehler zu machen. Wir missverstehen Übungen schnell als Vorschriften, schätzen Situationen falsch ein und überfordern uns und andere. Das ist normal und gehört zum Leben, denn wir haben unser Leben nicht im Griff. Je mehr wir bemerken, was wir tun, sagen und denken, desto mehr Spielraum gibt es für neues Verhalten. Wenn wir das entspannt und mit Humor tun, wird der Spielraum wunderbarerweise immer größer. Das Herz öffnet sich, und wir mögen die anderen; der Verstand klärt sich, und wir verstehen mehr. Dann fällt es uns leichter, das zu sehen, was da ist, was klappt und uns und anderen gut tut. Mit dieser Haltung können wir besser sagen, was wir meinen; wir können besser zuhören und uns gegenseitig inspirieren.

Wer sich selbst nicht mag, neigt zu hohen Idealen. Das erzeugt eine starke innere Spannung, die leistungsbereit macht, und hat auch gute Seiten. Die Steigerung dessen ist dann der Perfektionswahn. Wer gesund und fröhlich ist und das Leben unproblematisch findet, sucht in der Regel keinen spirituellen Weg. Meist weckt eine schwere Krankheit, eine Trennung oder eine Lebenskrise unser Interesse. Wir haben dann leicht zu hohe Erwartungen und wollen »an einem Tag heilig werden«. Das hat die Heilige Teresa von Avila schon im 16. Jahrhundert bei ihren Mitschwestern kritisch gesehen.

Die tibetischen Traditionen des Buddhismus lehren, dass der tantrische Weg in einem Leben zum Erwachen führen kann, wenn wir gut vorbereitet, hochmotiviert, entspannt und ausdauernd sind. Sie lehren aber auch, dass das selten vorkommt. Der historische Buddha Gautama Siddhartha hat während vieler Leben, nämlich drei unfassbare lange Äonen, geübt, bis er vor rund zweieinhalbtausend Jahren im indischen Bodhgaya erwachte. Kurz gesagt: Gut Ding will Weile haben. Jede lange Reise beginnt mit dem ersten Schritt. Wir fangen mit der ersten Übung an und versuchen, einen Tag lang nicht zu lügen, und wir schauen, wie das geht. »Alles, was wir heute tun können, ist gut genug. Wenn wir wissen, wie wir mehr üben und verstehen und uns zum Positiven hin verändern können, können wir das tun.« Diesen Ratschlag gab uns Lama Thubten Yeshe, als ich Weihnachten 1977 gemeinsam mit anderen Westlern im Kloster Kopan die fünf Laiengelübde ablegte.

Ich betone den Zusammenhang zwischen Minderwertigkeitsgefühlen und hohen Idealen auch deshalb, weil er uns zwei Wege aus der Falle zeigt. Wir können zum einen unser Selbstbild überprüfen und zum anderen unsere Erwartungen herunterschrauben. Überzogene Erwartungen beruhen auf Täuschungen, und sie führen per definitionem zu Enttäuschungen. Diesen Teufelskreis habe ich im fünften Kapitel beschrieben. Die Empfehlung des Buddha im Hinblick auf Minderwertigkeitsgefühle ist schlicht: »Ein Leben als Mensch ist kostbar, denn wir können erwachen.« Dieses Argument kann als buddhistische Definition der Menschenwürde gelten: »Weil wir erwachen können, sind wir wertvoll, selbst wenn wir noch nicht erwacht sind.« Eine besonders wirksame Methode zur Auflösung negativer Selbstbilder, die auch noch Spaß macht, besteht darin, mehr Freude zu entwickeln. Minderwertigkeitsgefühle werden weniger, wenn wir uns häufiger freuen. Wer sich freut, kann sich nicht gleichzeitig ablehnen. Machen Sie für einige Monate regelmäßig die in der Einführung vorgestellte Übung »Sternstunden«. Achten Sie systematisch auf kleine Momente des Wohlbefindens allein und im Gespräch mit anderen, und aus diesen Erfahrungen lernen Sie, sich zu freuen.

Ein Wort noch zum Thema Bravsein. Seltsamerweise neigen viele Menschen unserer Zeit zu autoritärem Verhalten, wenn sie sich einem spirituellen Weg zuwenden. Einerseits wollen wir frei sein von einengenden Beziehungen und Regeln und lehnen oft die Religion unserer Kindheit und die eigene Kultur, gutes Benehmen und Höflichkeit ab, andererseits übernehmen wir aus dem Wunsch heraus, irgendwo dazuzugehören, kritiklos neue Regeln. Das führt aber nicht besonders weit. Wir sind brav, wenn wir Regeln aus Angst vor Strafe folgen. Das ist der Weg der schwarzen Pädagogik. Das mag hilfreich sein, solange wir uns nicht in andere hineinfühlen können und nicht bemerken, wie unser Handeln sich auf sie auswirkt. Das lernen Kinder in der Regel vor dem Schuleintritt.

Bravsein ist keine Lösung. Warum nicht? Wenn wir äußeren Regeln aus Angst vor Strafe folgen, richten wir zwar weniger Schaden an, reifen aber nicht. Emotionale und menschliche Reife bedeutet, dass wir aus freien Stücken ethisch handeln. Wir wollen andere nicht verletzen, sondern sie inspirieren und stärken, weil wir das gut und richtig finden. Und deshalb versuchen wir, uns an den ethischen Regeln der rechten Rede zu orientieren. Wir üben das und lernen uns und die anderen durch die Übungen, durch Versuch und Irrtum immer besser kennen.

Lernen, leben, streiten

Vier: Von anderen lernen

Wie wir als Erwachsene miteinander reden, hängt zu einem großen Teil davon ab, was wir als Kinder gelernt haben. Wir schauen uns in diesem Abschnitt zunächst den Einfluss von Eltern und Angehörigen und von Kindergarten und Grundschule an. Dann erforschen wir den Einfluss von Menschen, die wir bewundert haben und die wir heute bewundern, denn besonders schnell und viel lernen wir von Vorbildern in der Kindheit und im weiteren Leben. Ein Kapitel ist der positiven Funktion von Hierarchie und Autorität und unseren sozialen Rollen gewidmet und geht auf die Bedeutung des Geschlechts der Lehrenden im weltlichen und im spirituellen Leben ein. Welche Art von Austausch uns weiser macht, beschreibt dann das letzte Kapitel in diesem Abschnitt.

13. Eltern und Kinder

Der Apfel fällt nicht weit vom Stamm.

Wir sind unsere Muster – im Verhalten, Reden und Denken. Wir lernen diese Muster von Eltern, Nachbarn und Spielgefährten, zuhause und auf der Straße, im Kindergarten und in der Schule. Einen besonders großen Einfluss haben Elternhaus und primäre Bezugspersonen. Wenn wir ein als schädlich erkanntes Redeverhalten, das wir als Kinder zuhause gelernt haben, verändern wollen, brauchen wir tragfähige und positiv besetzte Beziehungen zu anderen Erwachsenen und viel Übung. Vorbilder und ein guter Freundeskreis helfen dabei sehr.

Durch unsere Art, miteinander zu reden, knüpfen und stärken wir Beziehungen, wir gefährden und zerstören sie aber auch. Wie wir reden, hat viel mit Erfahrungen in der Kindheit zu tun, aber auch mit unserem Umfeld als Erwachsene. Wir neigen immer dazu, uns mit unserem Redeverhalten an die Menschen anzupassen, mit denen wir viel zu tun haben. Einige Beziehungen können wir uns aussuchen, es gibt aber auch Menschen, mit denen müssen wir leben: Eltern und Kinder, Geschwister, Nachbarn und Kolleginnen und die bessere Hälfte unserer Freundinnen und Freunde. Wir schauen uns nun in einer Übung an, welche Kontakte welche Art des Redens fördern oder behindern. Wir schauen uns zunächst das Zuhause unserer Kindheit an. Ich wähle für jede Übung ein anderes Alter, damit die Vielfalt von Einflüssen deutlich wird und auch die Veränderung der Lebensverhältnisse, des Zeitgeistes und der Redestile.

Übung: Ein Tag in der Kindheit

... Wir machen eine kleine Zeitreise, in die Zeit, als wir etwa acht oder neun Jahre alt waren. Wir denken an die Wohnung oder das Haus, in dem wir gewohnt haben, und an einen normalen Wochentag und fragen uns: »Bin ich alleine aufgestanden oder wurde ich geweckt? War es morgens still im Haus oder laut? Haben wir gemeinsam gefrühstückt? Konnte ich beim Frühstück etwas erzählen? Wem? Musste alles immer sehr schnell gehen?« Wir fragen weiter: »Haben wir gemeinsam zu Mittag gegessen? Wurde dabei geredet? Worüber? Wie laut war es in der Wohnung und im Haus? Habe ich alleine Hausaufgaben gemacht? Wurde ich gelobt?

Ausgeschimpft? Angeschrieen? Haben wir abends gemeinsam gegessen? Wie war die Stimmung?« Wir fragen weiter: »Gab es nachmittags oder abends eine Zeit, in der ich erzählen konnte, was ich den Tag über erlebt hatte? Wurde vor dem Einschafen vorgelesen und gebetet?« Wir kehren dann zurück in die Jetztzeit, denken an einen normalen Arbeitstag der letzten Woche und fragen uns: »Wie verlief dieser Tag? Gibt es Ähnlichkeiten zu den Erfahrungen in der Kindheit? Im Gesprächspegel? Im Tempo? Bei Gewohnheiten, morgens oder abends? Gibt es gemeinsame Mahlzeiten? Worüber reden wir? Wer redet vor allem?«

Für die folgenden Übungen nehmen wir uns die vier ethischen Regeln der rechten Rede einzeln vor und überlegen, was wir diesbezüglich zuhause gelernt haben, bewusst und direkt oder unbewusst und indirekt. Wir nehmen uns für jede Übung einen anderen Schwerpunkt vor und ersetzen jeweils den *kursiv gesetzten Satz* mit der entsprechenden Frage aus der nächsten Übung.

Übung: Lügen und die Wahrheit sagen

... Wir denken an einen typischen Tag oder Abend zuhause, als wir elf oder zwölf Jahre alt waren. Wir fragen uns: »Wurde mir beigebracht, nicht zu lügen, sondern die Wahrheit zu sagen? Welche Erwachsenen haben das vorgelebt? Wer hat das nicht vorgelebt, sondern nur gepredigt? Was genau sollte ich nicht tun? Was sollte ich stattdessen tun? Vor wem oder mit wem habe ich das gelernt?« Dann ziehen wir ein Fazit und fragen uns: »Was war das Wichtigste, das ich in diesem Bereich zuhause gelernt habe? Was habe ich bewusst übernommen und was nicht?«

85

Übung: Schimpfen und inspirieren
Übung: Üble Nachrede und Stärken sehen
Übung: Geschwätz und guter Smalltalk

... Wenn Sie Kinder haben, können Sie die vier Übungen abwandeln und Ihren eigenen Erziehungsstil im Hinblick auf die vier Schwerpunkte der rechten Rede untersuchen. Sie können sich eigene Übungen zusammenstellen und sich dabei an diesem Kapitel orientieren. Hier ein Beispiel:

Übung: Lügen und die Wahrheit sagen

... Wir denken an einen typischen Tag oder Abend der letzten Woche. Wir fragen uns: »Bringe ich meinen Kindern bei, nicht zu lügen, sondern die Wahrheit zu sagen? Wie mache ich das? Lebe ich das vor? Welche Erwachsenen leben das sonst noch vor? Wer predigt das nur? In welchen Situationen sollen die Kinder die Wahrheit sagen und wann sind Notlügen erlaubt?« Ziehen Sie dann ein Fazit und fragen Sie sich: »Was ist das Wichtigste, das ich meinen Kindern in Bezug auf Lüge und Wahrheit beibringe? Welche Regeln nehmen die Kinder leicht an? Wo wehren sie sich? Wie tun sie da? Wie reden wir darüber?«

Es fällt uns leichter, unsere eigenen Redemuster zu erkennen, wenn wir darauf achten, wie wir uns bei einem Besuch bei den Eltern, Geschwistern oder nahen Angehörigen verhalten. Wir können das in einer kleinen Übung anschauen. Wenn die Eltern nicht mehr leben, denken wir an einen länger zurückliegenden Besuch bei ihnen.

... Wir denken an einen der letzten Besuche bei den Eltern oder bei nahen Angehörigen und fragen uns: »Habe ich mich auf den Besuch gefreut? Hatte ich davor Bauchschmerzen? Was ist ein Pflichtbesuch?« Wir fragen weiter: »Was haben wir gemacht? Worüber haben wir gesprochen? Wer hat vor allem gesprochen? Wer hat zugehört? Reden wir vor allem? Berühren wir uns? Halten wir Händchen? Streicheln wir uns? Tue ich das gerne? Singen wir zusammen? Machen wir Spiele? Rezitieren wir Gedichte? Lesen wir vor?« Wir denken dann an unseren Alltag und fragen uns: »Welche Rolle spielen diese Dinge: Gespräche und Berührung, Vorlesen, Singen und Gedichte rezitieren in meinem Alltag? Was habe ich zuhause gelernt und übernommen? Was habe ich nicht übernommen?«

14. Vorbilder

Gute Freunde sind das ganze spirituelle Leben. (Buddha)

Die Menschen, mit denen wir viel zu tun haben, prägen uns, als Kinder und als Erwachsene. Eine große Rolle spielen dabei Vorbilder beiderlei Geschlechts. Wenn der Buddha die Bedeutung guter Freunde betont, meint er damit vor allem Menschen, die uns auf dem Weg des Erwachens inspirieren und ermutigen.

In einem Bericht über vernachlässigte Kinder habe ich etwas sehr Optimistisches gelesen: Kinder können Liebe und Anerkennung, Inspiration und Anregungen in homöopathisch kleinen Dosen aufnehmen und nutzen. Wenn uns eine nette Nachbarin auch nur einmal in der Woche eine Viertelstunde gefragt hat, wie es uns gehe, und dann auch zuhörte, nährte das unsere Kinderseele. Die einfühlsame Kindergartentante, der sportliche Patenonkel und die lebenslustige Großmutter sind eine unersetzliche Orientierung für Kinder.

Mein großes Vorbild war meine Patentante. Wir mögen uns heute noch und reden über Filme und Bücher. Sie war eine der vielen – ausschließlich weiblichen – Leseratten in der Familie und unterhielt sich gerne mit mir über »Gott und die Welt«. Und – sie war die Einzige in unserer Großfamilie mit drei Generationen, die sich in ihr Zimmer zurückzog. Niemand durfte einfach eintreten, nicht einmal ihre Mutter, meine Großmutter, die im gleichen Haus wohnte. Sie sagte nach dem gemeinsamen Essen bei einem Familienfest trocken: »Jetzt mag ich nicht mehr reden. Ich brauche meine Ruhe.« Sie genoss ihre Jugend, lernte einen Beruf, machte in den frühen 1960ern mit Freundinnen in Italien Urlaub und heiratete erst Mitte dreißig. Da war ich sechzehn, und ich bekam ihr Zimmer. Es hatte eine Aura von Stille und Intensität, die ich schätzte und weiter pflegte. Von ihr lernte ich, dass Schweigen nicht komisch ist und dass man sich zurückziehen darf. Das waren kostbare Lehren für ein Mädchen wie mich, das natürlich auch lernte, immer für andere da zu sein.

Wir hatten eine Gastwirtschaft im »Herzen« des Schwarzwaldes und ein paar »Fremdenzimmer«. Als Fünfjährige lernte ich von den Offizieren der französischen Besatzungstruppen ein paar Brocken Französisch. Ende der 1950er und Anfang der 1960er Jahre kamen im Sommer Gäste aus England und Frankreich zu uns. Meine Liebe zu fremden Sprachen verdanke ich auch diesem frühen Kontakt mit Menschen aus anderen Ländern. Sie hatten Urlaub und daher Zeit, sich mit dem wissbegierigen Mädchen zu unterhalten. Das war Sprachförderung der besonderen Art.

Wir lernen von Eltern und Verwandten, von Nachbarn und Bekannten, wie man erwachsen wird. Wie sie miteinander reden, prägt unseren Redestil sehr. In meiner Großfamilie mit drei Generationen, mit Kusinen und Vettern, mit Onkeln und Tanten hatte ich immer jemanden zum Reden, und die Menschen redeten alle anders. Wer in einer Kleinfamilie mit drei Personen in einer Großstadt aufwächst, hat in der Regel weniger Gelegenheit zu Gesprächen und ist auf die wenigen Menschen sehr angewiesen. Beides hat Vor- und Nachteile. Die Fähigkeit, mit anderen Menschen reden zu könne, wird in der Kindheit gefördert oder eben nicht. Wenn wir mit unterschiedlichen Menschen aufwachsen, entdecken wir auch, dass Frauen und Männer nicht nur verschieden sind, sondern auch unterschiedlich reden. Diese Vielfalt tut gut.

Wir können uns in zwei kleinen Übungen anschauen, welche Menschen ganz allgemein und welche Vorbilder im Besonderen unser Redeverhalten beeinflusst haben. Wir schauen uns Besuch in der Kinderzeit und unsere Vorbilder an und wie sie unsere Einstellung zu anderen Menschen geprägt haben. Wir können jede Übung mehrmals wiederholen, unterschiedliche Lebensalter auswählen und an unterschiedliche Menschen denken.

Übung: Besuch

... Wir denken an die Zeit, als wir sieben oder acht Jahre alt waren. Wir fragen uns: »Wer hat uns damals besucht? Unter der Woche? Am Wochenende? Wurden Familienfeste gefeiert? Wer kam? Verwandte? Nachbarn und Freunde der Eltern? Was wurde gemeinsam getan? Gegessen, getrunken, geredet, gesungen? War die Stimmung angenehm? Laut? Lustig? Aufregend?« Dann schauen wir uns das eigene Leben heute an, denken an den letzten Besuch und fragen uns: »Geschah das spontan oder war es lange geplant? Was haben wir gemacht? Worüber haben wir geredet? Wie war die Stimmung?« Dann denken wir an das letzte halbe Jahr und fragen uns: »Hatte ich oft Besuch? Wer kam zu mir? Wen habe ich besucht? Was haben wir zusammen gemacht? Worüber haben wir geredet? Fühlten sich beide wohl dabei? Wie fühlte ich mich danach?«

Übung: Vorbilder

... Wir denken an die Zeit, als wir vier oder fünf Jahre alt waren und noch nicht zur Schule gingen. Wir fragen uns: »Wer war damals ein Vorbild für mich? Was mochte ich an dieser Person? Was haben wir miteinander gemacht? Worüber haben wir geredet? Hat die Person zugehört oder vor allem selbst geredet? War sie höflich oder laut und direkt? Schüchtern oder selbstbewusst?« Dann gehen wir in Schritten von etwa fünf Jahren durch unser Leben, denken an Vorbilder und stellen die gleichen Fragen. Zum Abschluss fragen wir uns: »Welche Frauen waren Vorbilder? Was mochte ich? Welche Männer waren Vorbilder? Was mochte ich? Worüber haben sie mit mir und mit anderen geredet? Wie haben sie geredet?

15. Hierarchien, Rollen, Masken

Du kannst von jemandem lernen, wenn das, was dich stört,
dich nicht daran hindert, das zu lernen, was du lernen willst.
(Rigdzin Shikpo)

Es gibt natürliche und gewählte faktische und institutionelle Hierarchien. Eltern und Kinder leben in einer natürlichen Hierarchie. Die institutionelle Hierarchie von Lehrer und Schülerin, Professorin und Student ist für die Zeit der Ausbildung gegeben. Wenn wir den Bürgermeister und den Vereinsvorstand wählen, delegieren wir freiwillig Entscheidungsmacht, und so entstehen gewählte Hierarchien. Alle drei Hierarchien sind zeitlich begrenzt. Eine hierarchische Beziehung hilft beiden Seiten zu wachsen, wenn sie auf faktischer Autorität beruht, auf echter inhaltlicher und menschlicher Autorität, die von beiden Seiten verstanden und angenommen wird.

Hierarchie bedeutet wörtlich »heilige Ordnung« (gr. *hierós*, heilig, und *árchein*, herrschen), meist als Herrschaft und bestenfalls Rangordnung verstanden. Autorität heißt eigentlich Ansehen. Der evangelische Theologe Paul Tillich interpretiert frei: Autorität haben die, die etwas Neues beginnen können (lat. *auctoritas*, Glaubwürdigkeit, *auctor*, Urheber). Beide Begriffe sind heutzutage eher negativ besetzt. Als Reaktion auf »schlechte« institutionelle Autorität wird Autorität oft ganz abgelehnt und dann als Gegenreaktion überhöht. Beides, Hierarchie und Autorität, hat viel mit der Macht der Worte zu tun. Warum? Wenn Vorgesetzte und Autoritäten sprechen, hören wir tendenziell mit Herz und Verstand zu, selbst dann, wenn wir das, was sie sagen, inhaltlich ablehnen.

Als Erwachsener muss man Autoritäten nicht bedingungslos folgen. Hannah Arendt hat in ihrem Buch über den Eichmann-Prozess 1962 die Ausrede vom Befehlsgehorsam widerlegt. Sie sagt sinngemäß: Wer als Erwachsener einem Befehl gehorcht, stimmt ihm immer auch zu. Niemand kann sich mit dem Hinweis auf Gehorsam seiner Verantwortung entledigen.

Hierarchien und Autoritäten wirken in hohem Maß über Wort und Schrift. In diesem Kapitel solle es vor allem um die mögliche positive Funktion von Autorität und Hierarchie gehen.

Wir lernen mit allen Sinnen, doch das gesprochene und geschriebene Wort spielt dabei immer eine zentrale Rolle. In einem Vortrag vor Bremer Lehrerinnen und Lehrern im Jahr 1958 beschrieb Hannah Arendt die inspirierende Wirkung von Lehrenden, die für das einstehen, was sie lehren. Selbst dann, wenn wir die Person oder das, was sie sagt, in Teilen ablehnen. Wenn Lehrer sich immer nur als Moderatoren sehen und keinen eigenen Standpunkt zeigen oder haben, finden auch Schüler nur schwer einen eigenen Standpunkt. Sie werden leicht Opfer fremder Ansichten, weil sie sich keine eigene Meinung bilden können.

Wenn wir die konstruktive Funktion von Hierarchien und Autorität entdecken, können wir unsere Rollen bestmöglich spielen und uns selbst und anderen helfen, erwachsen zu werden. Als Vorgesetzte und Untergebene, als Lehrerin und Schüler, als Mutter und Onkel, als älteste Schwester und als Sohn. Auch institutionelle Autoritäten haben viel Einfluss auf ihre Umgebung und können ihren Einfluss durch klare und einfühlsame Rede, durch Fragen und Zuhören nutzen. Wenn Autoritäten in einer solchen Weise ethisch reden, leben sie uns das vor. Wir lernen es mühelos von ihnen und geben es ebenso mühelos weiter. Faktische Hierarchien und Autoritäten wirken konstruktiv, sie erleichtern das Lernen und fördern den eigenen Reifungsprozess. Ich möchte das für zwei Gruppen verdeutlichen: für Frauen und für Menschen auf dem spirituellen Weg.

Die italienische Philosophin Luisa Muraro hat viel über zerstörte Mutter-Tochter-Beziehungen nachgedacht. Viele Frauen lehnen ihre Mutter ab und werfen ihr direkt oder indirekt vor, dass sie sie nicht zu starken und selbstbewussten Frauen erzogen habe. Auch die Mütter des 20. Jahrhunderts haben ihren Töchtern meist Anpassung an die traditionellen Geschlechterrollen gepredigt und vorgelebt. Das ist das Eine. Für genauso zerstörerisch hält Muraro aber das Faktum, dass Frauen in patriarchalischen Kulturen nicht lernen, ihre Mutter als erste und gesellschaftlich anerkannte Lehrerin zu sehen. Ihr Schluss daraus ist so einfach wie bestechend: Wenn Frauen bewusst von Frauen lernen, lernen sie, Frauen Kompetenz zuzuschreiben und damit sich selbst. Frauen brauchen Lehrerinnen, und das nicht nur im Kindergarten und in der Grundschule. In der Studenten- und Frauenbewegung der 1970er Jahre galt Hierarchie per se als schlecht. Das hatte viel mit der Abwehr autoritärer Erziehung und der Aufarbeitung des Faschismus zu tun. Mit der völligen Ablehnung von Autorität wurde allerdings das Kind mit dem Bade ausgeschüttet.

Weibliche Vorbilder und Lehrerinnen wecken und stärken das Vertrauen in Frauen, dass sie etwas lernen können. Sie inspirieren Frauen dazu, ihr eigenes Leben zu leben. Wenn sie ihre Meinung klar und deutlich vertreten, machen sie anderen Frauen Mut, das auch zu wagen. Frauen brauchen Lehrerinnen, und sie müssen auch bereit sein, diese Rolle für jüngere Frauen zu übernehmen. Wenn Frauen Autorität sein können, wirken Worte Wunder, für die, die lernen, und für die, die lehren.

Wenn Frauen nur von Männern lernen, zementiert das die klassischen Geschlechterrollen: Der Mann als »ewiger« Lehrer und großer Redner und die Frau als die »ewige« Schülerin, Zuhörerin und »Gehilfin«, wie es in der Bibel heißt. Damit blockieren Frauen ihre eigene Entwicklung. Reden und Zuhören hängen nicht vom biologischen Geschlecht ab, sondern haben vor allem mit kulturellen Geschlechterrollen und mit dem Verhältnis beider Geschlechter zu Hierarchien zu tun.

Können Frauen von Frauen lernen, dann können sie auch von Männern lernen, ohne dass ihr Selbstbild dadurch beschädigt wird. Wenn Männer viel von Männern gelernt haben, tut es ihnen ausgesprochen gut, von Frauen zu lernen und ihnen zuzuhören, als fruchtbares Gegengewicht zum klassischen Rollenverständnis.

Übung: Von Frauen lernen

... Wir denken an die Zeit, als wir sieben, acht Jahre alt waren, und fragen uns: »Welche Frauen gehörten damals zu meinem engeren Umfeld? Wen mochte ich besonders gern? Was mochte ich? Wie hat diese Frau geredet, im Zweiergespräch und unter vielen Menschen? Was habe ich mit ihr und von ihr gelernt?« Wir denken dann an das letzte Jahr und stellen uns die gleichen Fragen. Dann gehen wir in Schritten von fünf, sechs Jahren rückwärts durch unser Leben und stellen uns die gleichen Fragen. Zum Abschluss fragen wir uns: »Welche wichtigen Eigenschaften habe ich von Frauen gelernt. Welches Redeverhalten? Zuhören? Vermitteln? Streit schlichten? Abwiegeln? Einen Standpunkt vertreten? Dialogisch reden? Sprechen und Zuhören? Fragen stellen?«

Übung: Von Männern lernen

... Wir können eine zweite Übung anschließen und im gleichen Stil an die Männer denken, von denen wir wesentliche Dinge für unser Redeverhalten gelernt haben. Die Reihenfolge ist die gleiche: Kindheit, heute, rückwärts in Schritten von fünf, sechs Jahren bis zur Kindheit.

Auch im spirituellen Bereich sind Lehrerinnen wichtig für Frauen, denn Frauen wie Männer brauchen Lehrende des gleichen Geschlechts. In diesem Bereich spielt die Sprache eine große Rolle, als mündlicher Vortrag, als gesprochene Übung und als schriftlicher Text. Er wird traditionell von sprachgewaltigen Männern dominiert, auch heute noch. Dieses Thema habe ich an anderer Stelle ausführlich dargestellt (Siehe: *Das Herz des Lotos. Frauen und Buddhismus*).

Die höchste Autorität für religiöse Menschen ist das Göttliche, die Transzendenz, das Unbedingte (Tillich), das Umgreifende (Jaspers). Nicht-theistisch formuliert wird es als universelle Kraft, als wahres Wesen oder als Urgrund des Seins gedacht, theistisch formuliert als männlicher Gott, als Göttin oder als Vielzahl göttlicher Wesen. Der deutsche Philosoph Ludwig Feuerbach machte im 19. Jahrhundert Furore mit seinen atheistischen und religionskritischen Thesen über Gott als notwendige und sinnvolle Projektion des Menschen. Alle Bilder und Symbole für dieses Höchste oder Tiefste im Menschen oder für den Menschen sind Projektionen. Worauf da hingewiesen wird, entzieht sich letztlich dem menschlichen Begreifen. Die französische Philosophin und Psychoanalytikerin Luce Irigaray griff Feuerbachs Thesen auf, bezog das Geschlecht ein und formulierte eine klare These: So wie der (männlich gedachte) Mensch einen Gott braucht, um ganz Mensch zu werden, braucht die Frau eine Göttin, um ganz Frau zu werden.

Meine Schlussfolgerung daraus ist: Wenn uns Bilder des Erwachens inspirieren und wir uns gerne mit ihnen umgeben, mit Buddha-Statuen und Jesusbildern, mit Marien und Heiligen, sollten wir dabei das Geschlecht nicht vergessen. Nicht nur Worte, auch Bilder und Statuen »sprechen« zu uns. Wenn wir die Spiegel des Erwachens schauen und immer nur Männer sehen, »sagt« das Frauen, dass sie nicht erwachen können. Es gibt zwar Erfahrungen und Dimensionen, in denen das Geschlecht keine Rolle spielt, sobald aber Bilder, Worte und Namen auftauchen, spielt es eine Rolle. Wir sollten darauf achten, was Bilder und Worte uns sagen.

Es gibt Hierarchien, Autoritäten und soziale Rollen in Gesellschaft und Politik, in Kultur und Religion. Sie erleichtern das Zusammenleben und können den menschlichen und spirituellen Reifeprozess fördern. Sie tun das aber nur, wenn wir uns nicht mit unseren Rollen verwechseln. Rollen vereinfachen das Leben, sie begrenzen uns aber auch. Wir können unsere Rollen als Mutter und Sohn, als Kollegin und Vorgesetzte, als Nachbar und Schülerin besser spielen, wenn wir wissen, dass wir mehr sind als unsere Rollen und zugleich weniger. Jede Autorität hat nur die Macht, die wir ihr geben. Ihre Macht ist geliehen. Ihre Kraft und Wirkung stammen von denen, die Macht verleihen. Das zeigt sich deutlich, wenn eine Autorität nicht mehr anerkannt wird. Auch mit Zwang funktioniert sie nur sehr eingeschränkt, wie das Schulsystem deutlich zeigt.

Sehr genau beschrieb das der Dalai Lama auf mehreren Konferenzen mit westlichen Lehrerinnen und Lehrern des Buddhismus (1993, 1994, 1994 in Dharamsala und 2000 im kalifornischen Spirit Rock): »Wir Tibeter können keine Lehrer erkennen. Unsere Institutionen können nur eine Ausbildung oder eine akademische Qualifikation bescheinigen. Es sind die Schüler, die eine Person zum Lehrer machen. Die Menschen, die von euch lernen, machen euch zu Lehrerinnen und Lehrern.«

Meist wird das Thema Autorität und Hierarchie nur von außen, von der Rolle her, betrachtet. Es gibt auch eine Innenansicht. Wenn wir faktische und damit gute Autoritäten sein und unsere Rolle als Lernende und Lehrende wirksam und heilsam spielen wollen, im weltlichen und spirituellen Bereich, im Verhalten und mit Worten, brauchen wir Gelegenheiten, bei denen wir unsere Rollen und Masken ablegen. Der Ort dafür sind traditionell Freundschaften, manchmal auch gute Zweierbeziehungen. Dort können wir uns »nackt« zeigen, in den »Papierkorb« reden und die Seele baumeln lassen. Das Bild der Nacktheit ist sehr aussagekräftig. Wir zeigen uns nur da nackt, wo wir niemand sein wollen und müssen. Dort, wo wir Vertrauen haben und uns sicher fühlen.

Die regelmäßige Übung kann uns beim Ablegen der Rollen sehr unterstützen. Wenn wir ein paar Jahre lang üben, den Atem zu spüren und unsere Gedanken wahrzunehmen, bemerken wir auch unsere Sehnsüchte und Ängste, Minderwertigkeitsgefühle und Arroganz. Dann sehen wir uns, »wie wir auch sind«, ohne das Gerüst von Rollen und Aufgaben, Hierarchien und Ämtern.

Wer andere Menschen anleitet und Autorität für sie ist, in der Familie und im Betrieb, im Verein und auf dem spirituellen Weg, braucht Freundschaften und Beziehungen auf Augenhöhe, sonst bliebt er oder sie an der Rolle kleben. Wir brauchen das Gespräch mit Menschen, denen wir vertrauen und mit denen wir offen reden können. Auch Schüler und Heranwachsende brauchen Gelegenheiten, bei denen sie weder Schüler noch Kinder sind. Auch an dieser Rolle kann man kleben bleiben. Das hört man, wenn erwachsene Menschen immer noch über ihre Eltern jammern. Da spricht das Kind und nicht die oder der Erwachsene.

Der tibetische Lama Akong Rinpoche hat ein sehr drastisches Bild gefunden: Wenn wir nicht regelmäßig in der Meditation unsere Masken ablegen, verwachsen sie mit dem Gesicht. Wenn wir sie dann doch einmal abnehmen wollen, reißt die Haut ab und es gibt ein Blutbad. Wer solche psychischen und spirituellen Blutbäder vermeiden möchte, braucht Begegnungen ohne Masken und Rollen und auf Augenhöhe. Einen wunderbaren Raum, in dem wir unsere Rollen erkennen und ablegen können, geben uns die regelmäßige Meditationsübung und das offene Gespräch mit vertrauten Menschen.

Übung: Die Rollen ablegen

... Wir stellen uns zwei einfache Fragen: »Welche Rollen spiele ich im Laufe einer Woche? Wie und wo lege ich meine Rollen und Masken ab? Wie oft? Mit wem? Was sehe ich dann?« Wir fragen uns weiter: »Mit welchen Menschen kann ich meine Rolle ablegen? Mit wem kann ich offen und jenseits von Rollen reden?« Zum Schluss fragen wir uns: »Wie kann ich mir selbst mehr Gelegenheit geben, meine Rollen zu erkennen und immer wieder abzulegen?«

16. Austausch macht weise

Zum Denken müssen wir allein sein.
Wenn wir das, was wir denken,
aber nicht mit anderen austauschen,
verlieren wir die Fähigkeit zu denken.

Zum Nachdenken müssen wir alleine sein. Manche Denker scheuen daher den Austausch. Sie wissen nicht, was sie damit alles verpassen. Wenn wir mit anderen über unsere Ideen sprechen, entdecken wir neue Gesichtspunkte. Die Sprache ist sehr genau und verwendet für Meinungen gerne räumliche Bilder. Wir nehmen eine andere Perspektive ein, haben andere Ansichten oder wechseln den Standpunkt. Ein moderner Denker kalauerte: »Der Kopf ist rund, damit das Denken die Richtung wechseln kann.« (Francis Picabia) – Das fällt uns leichter, wenn wir unsere Gedanken mit anderen austauschen und ihnen zuhören. Hannah Arendt spitzte es zu und meinte, wenn wir nicht mit anderen über unsere Gedanken reden, geraten wir in Streit, weil wir uns nicht verstehen. Wir langweilen uns bei Monologen oder ärgern uns, weil wir nicht zu Wort kommen. Weil es nicht leicht ist und einiger Voraussetzungen bedarf, tauschen wir uns im Allgemeinen zu selten mit anderen auf der Ebene aus, die uns wirklich beschäftigt.

Die indische Tradition beschreibt drei Gesprächsstile. Zwei führen zu nichts, und einer ist das höchste Glück auf Erden. Wir kennen alle drei. Wir reden so über Kochrezepte und über die politische Lage in Palästina und Lateinamerika, über die Organisation des Büros und über die Gesundheitsreform, über Hartz IV, das Christentum und den Buddhismus. Wir reden so über Gott und die Welt.

Beim ersten Stil wissen beide Seiten Bescheid: »Es gibt eine Wahrheit, und *ich* kenne sie. Ich habe Recht, leider bist du nicht klug genug, meine Lebenserfahrung, mein Faktenwissen und meine überschäumende Klugheit zu erkennen. Deshalb muss ich dich immer wieder mit meinen Ansichten beglücken und dir die Meinung sagen. Nach einer Weile lasse ich dich links liegen, denn du bist mir einfach zu dumm.«

Beim zweiten Stil glaubt die eine Seite, Bescheid zu wissen, und die andere weiß, dass das unmöglich ist: »Ich bin mir so sicher, dass es keine Wahrheit gibt, und ich will dich armen Tropf davon überzeugen. Ich will dich retten vor deiner Naivität, mit der du an das Gute im Menschen glaubst und daran, dass man die Topfpflanze oder die Gesundheitsreform noch retten kann.« Es sind die Zynischen, die so denken, und manchmal bedauern sie sich selbst, dass sie an nichts glauben können. Wenn Intellektuelle keine eigenen Thesen haben, neigen sie zu diesem Stil. Dann halten sie ihre Ansicht, dass es keine Wahrheit gibt, für die beste.

Der dritte Stil taucht manchmal wie ein Wunder auf. Wenn wir schon etwas müde sind und mit einer Freundin im Café sitzen und über Gott und die Welt reden, über Leben und Tod und über die Liebe. Dann wissen wir beide, dass wir nicht wirklich wissen, und wir suchen gemeinsam nach der Wahrheit. Wir reden über tiefe Einsichten und Momente des Glücks und der Selbstvergessenheit, über Kinderspiele und Lieblingsgedichte und über ungelöste Lebensfragen. Und manchmal verlassen wir sogar bekannte Wege und entdecken gemeinsam neue Räume und Sichtweisen.

Auch Begegnungen in einer Kneipe oder im Speisewagen des ICE mit Fremden verlaufen manchmal so. Am Ende eines Festes, wenn wir beim Aufräumen helfen und in der Küche stehen, reden wir manchmal wie die Engel. Wir denken dann gemeinsam und spüren die Gedanken der anderen. Das sind Beispiele aus dem Alltag. Gespräche über Spiritualität sollten eigentlich stets so sein: Wir wissen, dass wir nicht wissen, und suchen zusammen nach einem Weg. Wir sind miteinander unterwegs.

Übung: Das letzte längere Gespräch

... Wir denken an das letzte längere Gespräch und fragen uns: »Worüber haben wir gesprochen? Wer hat mehr geredet? Welcher Stil herrschte vor? Überzeugen wollen? Standpunkte widerlegen? Gemeinsam nach Erklärungen und Thesen suchen?« Wir fragen weiter: »Wie habe ich mich während des Gesprächs gefühlt? Wie danach? Wie hat sich die andere Person gefühlt? Im Gespräch und danach? Inspiriert, angeregt, lebendig? Irritiert, in die Ecke gedrängt, unsicher?« Wir denken an zwei, drei weitere Gespräche der letzten Woche und stellen uns die gleichen Fragen. Dann ziehen wir das Fazit mit der Frage: »Welcher Redestil hat welchen Anteil in meinem Leben? Mit welchem Gesprächspartner herrscht welcher Stil vor? Zum Abschluss fragen wir uns: »Was kann ich von meiner Seite her tun, um das gemeinsame Suchen zu fördern?«

Was brauchen wir für konstruktive Gespräche? Die Einsicht, dass wir nicht wissen. Wenn wir unsere Gedanken nicht als Gedanken erkennen, sondern für »heilige« Wahrheiten halten, können wir solche Gespräche nicht führen. Das heißt nicht, dass wir keine Standpunkte brauchen. Es fördert aber die Kommunikation, wenn wir sie bemerken und begreifen, dass jeder Standpunkt, wie das Wort sagt, nur ein Standpunkt ist, und damit einseitig.

Wenn wir unsere Meinung nicht als eine unter vielen erkennen, sondern für wahr und wirklich halten, bleiben wir trotzdem unsicher und suchen nach Argumenten, die uns unterstützen. Wir halten unsere Sicht der Dinge für objektiv und wollen sie weiter objektivieren. Dabei unterstützen uns die Gesellschaft und der ganze akademische und politische Betrieb. Wer viele kluge Leute zitieren kann, hat mehr Recht, als der, der nur auf seine Freunde verweisen kann, die das Gleiche denken. Wir können an Sir Raimund Poppers Falsifikationskriterium aus dem neunten Kapitel denken und spaßeshalber einmal nach Erfahrungen und harten Fakten suchen, die unseren Ansichten widersprechen. Wir lernen am einfachsten andere Meinungen kennen, wenn wir zuhören und Fragen stellen. Und uns mit Menschen unterhalten, die anders sind und denken als wir.

Eine weitere Voraussetzung für konstruktive Gespräche ist der Wunsch, Neuland zu entdecken. Wenn wir im eigenen Saft schmoren, bewegen wir uns im Bekannten. Wir denken das, was wir immer schon gedacht haben, selbst wenn ab und zu eine neue Idee hinzukommt. Der amerikanische Philosoph Ken Wilber nennt das »Flachland«. Karl Jaspers bezeichnete seinen Kollegen Hegel als einen »Einsarger«, weil der für alles eine Schublade hatte.

Leben ist ein Risiko und Denken ist es auch. Mit anderen zusammen macht die Reise des Lebens mehr Freude, und sie ist unterhaltsamer, allerdings auch stets eine Herausforderung. Beziehungen sind konstruktiv, wenn wir uns zeigen und die anderen sehen können. Ohne Beziehungen können wir uns selbst nicht erkennen. Wie wir miteinander leben lernen, davon handelt der nächste Abschnitt.

Fünf: Miteinander leben

Vier Faktoren stiften und stärken Beziehungen. Tragfähige Beziehungen entstehen, wenn wir uns nicht nur im Bekannten bewegen, sondern uns *unbekannte Seiten* zeigen. Wenn wir uns etwas *versprechen*, ordnen wir die ungewisse Zukunft ein wenig. Wenn wir uns Fehler *verzeihen*, ordnen wir die Vergangenheit, die wir nicht ändern können. Wenn wir begreifen, dass nicht nur persönliche Beziehungen wichtig sind, sondern wir auch *vielfältige Beziehungsnetze* zu Menschen brauchen, mit denen wir nicht befreundet sind, sind wir bereit, das Beste aus jeder Begegnung zu machen.

17. Beziehungen stiften

Beziehungen werden immer dann gestiftet und gestärkt, wenn wir einander unbekannte Seiten zeigen.

Wie entstehen Beziehungen und wie können sie wachsen? Wie können wir tragfähige Beziehungen mit anderen knüpfen, mit denen wir weder verwandt noch befreundet sind, die wir nicht unmittelbar brauchen und mit denen uns auch keine materiellen oder sozialen Interessen verbinden?

Die politische Philosophin Hannah Arendt hat ihr ganzes Leben darüber nachgedacht, wie wir miteinander leben können, und zwar nicht nur als Gleiche, sondern als Unterschiedliche, als »Menschen im Plural«. Sie wurde vor dem Ersten Weltkrieg in Deutschland geboren, floh als Jüdin 1933 vor den Nazis nach Frankreich, wurde bei Kriegsbeginn dort als Deutsche interniert und lebte ab 1941 als Staatenlose in den USA, wo sie 1951 eingebürgert wurde und 1975 starb. Trotz ihres unsicheren Lebens, als Fremde überall, verlor sie eines nie: ihr Vertrauen in die Fähigkeit der Menschen, eine gemeinsame Welt zu bauen und sie zu gestalten. Sie besaß ein unerschütterliches Vertrauen in unsere Fähigkeit, miteinander ins Gespräch zu kommen und immer wieder einen neuen Anfang zu wagen. Das zeigt sich in den zahlreichen Büchern, die sie schrieb, und in ihren Vorträgen, die sie vor den unterschiedlichsten Menschen in vielen Ländern gehalten hat, nach dem Zweiten Weltkrieg auch wieder in Deutschland.

In ihrem Buch *Vita activa* betont Arendt einen Aspekt, der in jeder Beziehung eine zentrale Rolle spielt. Sie sagt sinngemäß, dass Beziehungen dann entstehen und wachsen, wenn wir Seiten von uns zeigen, die wir noch nicht kennen. Das klingt paradox. Wie kann ich etwas zeigen, was ich nicht kenne? Wenn wir miteinander nur über das reden, was wir bereits zu wissen glauben, stiftet das keine Beziehung, sagt Arendt. Wenn wir uns auf Neuland wagen und neue Gedanken ausprobieren, kann eine Beziehung wachsen und tiefer werden. Die unbekannte Seite nennt sie im Unterschied zum »Was« der Person (Beruf, Alter, Geschlecht usw.) das »Wer«: »Ohne ... über das Wer der Person mit Auskunft zu geben, wird das Handeln zu einer Art Leistung ... Dies tritt immer dann ein, wenn das eigentliche Miteinander zerstört ist oder ... zeitweilig zurücktritt.« *(Vita activa*, S. 221)

Sie meint damit nicht, dass wir, ohne zu überlegen und frisch von der Leber weg, einfach drauflosplappern. Wenn es so einfach wäre, wäre die Menschheit ein Herz und eine Seele. Es geht darum, nicht nur über unseren Rollen und die Funktionen, die wir füreinander haben, zu kommunizieren. Wir brauchen Menschen, denen wir das, was wir uns überlegt und im Herzen bewegt haben, auch mitteilen können. Mit denen wir auch über unfertige Gedanken und bloße Ahnungen reden.

Das ist ein Risiko, denn es ist noch keine erprobte Lebenserfahrung, es ist nicht wasserdicht. Es geht darum, nicht nur vorhersagbar und berechenbar zu sein und nur sorgfältig überprüftes Wissen von uns zu geben, sondern auch einmal die Rollen und Masken abzulegen und »nackt« dazustehen.

Selbst wenn wir uns gut überlegt haben, was wir sagen wollen, brauchen wir Mut, um es auch tatsächlich zu sagen. Sprechen und Handeln, vor allem in der Öffentlichkeit, aber auch im Beruf und im Freundeskreis, brauchen Mut, weil sie Prozesse in Gang setzen, deren Folgen wir weder absehen noch kontrollieren können. Das scheint eine Binsenweisheit zu sein, macht aber vielen Menschen Angst, und manchen ist das Risiko zu groß. Sie ziehen sich auf Gemeinplätze zurück und sagen nur das, was andere schon vor ihnen gesagt haben. Einige ziehen sich ganz von der Welt zurück, weil sie sich für zu dumm oder für ein unverstandenes Genie halten. Das nimmt zwar Druck weg und reduziert Herausforderungen und Enttäuschungen, aber wachsen und reifen können wir nur, wenn wir miteinander reden, gerade über das, was wir nicht genau wissen. Ohne Gespräche verlieren wir uns im Dschungel der eigenen Gedanken, Emotionen und Gewohnheiten. Rückzug und Schweigen als Auszeit können sehr produktiv sein und Klarheit und Kraft schenken, sie lösen aber kein Problem auf Dauer. Genauso wenig, wie Schlafen und Sammlung in der Meditation Alternativen zum Leben sind.

Wir brauchen tragfähige Beziehungen, damit wir uns und die Welt verstehen. Solche Beziehungen entstehen nicht, wenn wir nur über das reden, was wir schon kennen. Sie entstehen, wenn wir uns miteinander auf Neuland wagen und unbekannte Seiten zeigen. Ein einfacher Weg aus dem Bekannten heraus sind existentielle Fragen und das Nachdenken über Herzenswünsche, über das, was wir uns aus tiefster Seele wünschen. Und das gemeinsame Gespräch darüber mit vertrauten Menschen.

Übung: Unbekannte Seiten zeigen

... Wir denken an die letzte Situation, in der wir mit jemandem offen über wichtige Fragen und Zweifel, Sehnsüchte und Hoffnungen gesprochen haben. Nicht nur über die Dinge, über die wir Bescheid wissen, sondern über das Unausgegorene, das sich gerade entfaltet. Wir fragen uns: »Worüber haben wir gesprochen? Was habe ich von mir mitgeteilt? Was hat mir geholfen, dieses Thema anzuschneiden? Kann ich mit dieser Person in der Regel gut solche Gespräche führen? War es eine Ausnahmesituation? Steckte ich gerade in einer Krise? War ich schon müde, etwas betrunken, außer mir, etwas krank?« Wir fragen weiter: »Wie habe ich mich gefühlt, als ich über diese Themen sprach? Wie fühlte ich mich danach? Wie wirken sich solche Gespräche auf diese Beziehung aus?«

Übung: Herzenswünsche und existentielle Fragen

... Wir denken an zwei, drei Menschen, mit denen wir hin und wieder gute und wesentliche Gespräche führen, Gespräche, die unser Herz berühren und neue Blicke auf uns und die Welt ermöglichen. Wir fragen uns: »Wie oft spreche ich über unfertige Themen? Wie oft riskiere ich das? Mit welchen Menschen wage ich das? Wem erzähle ich meine existentiellen Fragen? Wem vertraue ich meine Herzenswünsche an? Mit wem teile ich das, was ich wirklich wichtig finde? Selbst dann, wenn ich das selbst noch nicht so genau weiß?« Wir fragen uns dann: »Wie habe ich diese Menschen gefunden? Wie lange hat es gedauert, bis wir offen über wesentliche Dinge reden konnten?« Dann fragen wir: »Rede ich gerne über existentielle Fragen? Über Leben und Tod? Über Zweifel und Herzenswünsche? Haben diese Themen genügend Raum in meinem Leben? Wie wirken sich solche Gespräche auf die Beziehungen zu der jeweiligen Person aus?«

... Wir machen eine Reise in die Vergangenheit, in die Zeit, als wir sechs, sieben Jahre alt waren. Wir denken an die Wohnung und an das Haus, in dem wir damals gelebt haben. Wir fragen uns: »Wer gehörte damals zur Familie, zum engsten Umfeld? Welche Erwachsenen und welche Kinder? Mit wem habe ich gerne geredet? Worüber? Mit wem habe ich über ›Gott und die Welt‹ geredet?« Dann machen wir einen Sprung in die Zeit vor zehn Jahren und stellen uns die gleichen Fragen. In Schritten von fünf oder sechs Jahren gehen wir zurück in der Zeit bis in die Kindheit und stellen uns die gleichen Fragen. Dann ziehen wir ein Fazit mit der Frage: »Mit wem habe ich Neuland erkundet? Neue Themen, Lebensbereiche und Dimensionen entdeckt? Mit wem habe ich heute noch Kontakt?« Zum Abschluss können wir uns bei all den Menschen bedanken, mit denen wir Neues entdeckt haben.

Am Anfang des Kapitels ging es um die Frage, wie Beziehungen entstehen und wie sie wachsen können. Meine Antwort ist einfach: Wenn Menschen miteinander über ihre wesentlichen Anliegen reden, gestalten sie ihre gemeinsame Welt: in der Familie und im Freundeskreis, in der Nachbarschaft und im Betrieb. Jede politische, jede spirituelle und jede künstlerische Bewegung beginnt damit, dass eine kleine Gruppe von Menschen über das spricht, was den Einzelnen wirklich am Herzen liegt. Wenn wir damit aufhören, werden wir denkfaul und leichtgläubig, und wir fühlen uns verloren in einer Welt, die wir nicht begreifen. Das gemeinsame Gespräch unter »Menschen im Plural« ist nicht nur für das einzelne Individuum wichtig, sondern für die Gesellschaft als Ganzes.

18. Versprechen

Versprechen ordnen die ungewisse Zukunft.

In den nächsten beiden Kapiteln geht es um zwei menschliche Fähigkeiten, die wir in Beziehungen entdecken und ausbilden: unsere Fähigkeiten zu versprechen und zu verzeihen. Beide haben mit Worten zu tun, und beide wirken auf unsere Beziehungen zurück. Wir versprechen, eine Arbeit zu erledigen und im Urlaub die Blumen der Nachbarin zu gießen. Wir übernehmen ein Ehrenamt und leiten eine Meditationsgruppe. Wenn wir unser Versprechen nicht einhalten können, bitten wir um Verzeihung, und dann gibt es wieder einen neuen Anfang.

Für Hannah Arendt stiften Versprechen und das Verzeihen von »Fehlern« Beziehungen und stärken sie: »Das Heilmittel gegen die Unabsehbarkeit – und damit gegen die chaotische Ungewissheit alles Zukünftigen – liegt in dem Vermögen, Versprechen zu geben und zu halten.« *(Vita activa*, S. 301)

Es gibt große und kleine Versprechen. Zu den großen Versprechen gehören Worte und Haltungen, die mit der Liebe zu tun haben. Es gibt Phasen, da lieben wir unsere Eltern bedingungslos und wollen immer bei ihnen bleiben. Wir schließen im Kindergarten und in der Grundschule andere Kinder in unser Herz und versprechen einander »ewige Freundschaft«. Und auch die Lehrerin lieben wir ohne Wenn und Aber. Sind wir das erste Mal verliebt, ist »ewige Liebe« kein leeres Wort, über »ewige Treue« redet allerdings niemand mehr.

Immer wenn etwas Bedeutsames in unser Leben tritt – eine neue Liebe, eine Autorin oder eine Sportart, eine Philosophie oder ein spiritueller Weg –, meinen wir, das hält jetzt für ewig. Wir versprechen uns sozusagen innerlich, für immer dabei zu bleiben, und wir meinen das in solchen Momenten auch. Lügen wir uns in die Tasche? Sind wir bloß sentimental? Was geschieht da? Woher kommt dieser Glaube an die Ewigkeit?

Buddhistisch interpretiert scheint in Momenten tiefer Berührung und Verbundenheit unser wahres Wesen auf, der Urgrund des Seins, die Quelle aller Erfahrungen, und die ist jenseits von Zeit und Raum. Dieses wahre Wesen gehört uns aber nicht, und es ist auch nichts Persönliches. Es ist der Urgrund von allem, und aus dieser Dimension stammt das Gefühl der Verbundenheit mit allen und allem. Wir spüren in solchen Momenten die Dimension jenseits von Zeit und Raum, in uns und in allem. Wir können das aber im Alltag nicht eins zu eins als ewige Liebe und Verbundenheit leben.

Im Alltag gibt es leidige Termine und Absprachen, ersehnte Verabredungen und verpatzte Projekte, überzogene Erwartungen, halb erfüllte Sehnsüchte und zerbrochene Herzen. Wir machen Pläne, versprechen uns oder anderen, eine bestimmte Arbeit zu erledigen, und manchmal klappt das, und manchmal geht es schief. Sollen wir uns nun nichts mehr vornehmen und uns und anderen nichts mehr versprechen, weil wir nie sicher sind, ob wir unsere Worte halten können? Hannah Arendt setzt bei dieser Ungewissheit an und sagt sinngemäß: Weil Versprechen die ungewisse Zukunft ordnen, stiften und stärken sie Beziehungen. Sie geben uns ein Gefühl der relativen Sicherheit im Unbeständigen. Versprechen spielen in allen Beziehungen eine Rolle, im privaten und beruflichen und im öffentlichen Leben. Ihre enorm wichtige Funktion zeigt sich darin, dass sich ein ganzer Berufsstand mit Verträgen befasst: die Juristen. Wenn wir einen Mietvertrag unterschreiben, wissen wir, dass wir vermutlich nicht bis an unser Lebensende in dieser Wohnung bleiben werden. Und doch gibt ein Mietvertrag ein Gefühl relativer Sicherheit. Wir schließen Arbeitsverträge ab und mieten uns gegen eine Unterschrift ein Auto, eine Ferienwohnung und ein Kopiergerät. Eheverträge sind so alt wie die Institution der Ehe.

Kinder werden per Vertrag adoptiert, und der letzte Wille ist – meistens – Gesetz. Mündlich abgeschlossene Verträge gelten auch heute noch. Sie sind ein Überbleibsel aus der Zeit, als Verträge noch generell mündlich abgeschlossen wurden.

Welche Rolle Versprechen für uns spielen, können wir mit drei Übungen untersuchen. Wir fangen am besten mit kleinen Dingen an, mit einer geplatzten Verabredung oder einem ausgeliehenen Buch. Mit etwas Übung können wir uns an schwierigere Themen wagen: An Enttäuschungen im beruflichen Umfeld, in der Nachbarschaft, im Freundeskreis, an Familienstreits und Beziehungskrisen. Damit das Kapitel nicht mit unangenehmen Erinnerungen endet, beginnen wir mit den gebrochenen Versprechen und hören mit guten Erfahrungen auf.

Übung: Versprechen brechen

... Wir denken an eine Situation, in der uns jemand etwas versprochen hat, was diese Person aber nicht einhalten konnte. Wir fragen uns: »Was hat sie mir versprochen? Warum konnte sie das Versprechen nicht halten? Wie hat sich das auf unsere Beziehung augewirkt? Damals? Heute?« Dann denken wir an eine Situation, in der wir etwas versprochen haben, das wir nicht einhalten konnten, und stellen dieselben Fragen. Dann denken wir an andere Lebensphasen und an Personen, denen wir etwas versprochen haben, das wir nicht einhalten konnten. Zum Abschluss fragen wir uns: »Wie haben sich gebrochene Versprechen auf mich und andere ausgewirkt?«

Übung: Ich verspreche dir

... Wir versuchen uns zurückzuerinnern und fragen uns: »Wann habe ich das erste Mal bewusst etwas versprochen?

Was? Wem? Konnte ich das Versprechen halten? Wurde es je unwichtig? Wie hat sich das auf die Beziehung ausgewirkt? Wie ist unsere Beziehung heute?« Wir denken dann an eine Person aus der Jetztzeit, der wir etwas versprochen haben, das wir auch halten konnten, und stellen uns dieselben Fragen. Dann gehen wir rückwärts durch unser Leben, in Schritten von fünf, sechs Jahren, und denken an Menschen, denen wir etwas versprochen haben, das wir auch halten konnten. Zum Abschluss fragen wir uns: »Welche Rollen spielen Versprechen in meinem Leben? Wie wirkt sich das auf meine Beziehungen aus?«

Übung: Du versprichst mir

... Wir fragen uns: »Wann hat mir jemand das erste Mal etwas versprochen? Worum ging es? Wer war das? Konnte diese Person ihr Versprechen halten? Hat sie es gebrochen? Wie hat sich das auf die Beziehung ausgewirkt? Wurde das Versprechen irgendwann unwichtig? Wie ist diese Beziehung heute?« Wir denken dann an andere Lebensphasen und an Personen, die uns etwas versprochen haben, das sie auch halten konnten. Zum Abschluss freuen wir uns darüber und danken ihnen dafür.

Im nächsten Kapitel schauen wir uns die zweite große Fähigkeit an, die Beziehungen stiftet und stärkt: das Verzeihen.

19. Verzeihen

Verzeihen ordnet die Vergangenheit.

Zuerst versprechen wir nach bestem Wissen und Gewissen, und dann können wir es nicht halten. Wir fühlen uns schuldig oder geben den anderen und den Umständen, den Sternen oder der Gesellschaft die Schuld. Wir verdrängen das Problem – oder wir entschuldigen uns. Dieser Begriff ist sehr anschaulich. Um Ent-schuldigung bitten bedeutet, dass nur die andere Person, die uns verzeihen soll, die Macht hat, uns zu *ent-schuldigen*, uns die Schuld auch wieder abzunehmen. Wir brauchen die Zustimmung der anderen Person, um unsere Integrität wieder zu erhalten. Nur sie kann sie uns wiedergeben. Wenn es mir im stillen Kämmerlein leid tut, dass ich dich verletzt habe und ein Versprechen nicht halten konnte, ist das ein guter Anfang. Es reicht aber nicht, um die Verletzung zu heilen. Wir müssen die betroffene Person mit klaren und deutlichen Worten um Verzeihung bitten. Versöhnung nach einer Verletzung ist für die Mitglieder jeder Gemeinschaft wichtig. Schon die Menschenaffen kennen Versöhnungsrituale.

Hannah Arendt sagt über das Verzeihen: »Das Heilmittel gegen die Unwiderruflichkeit – dagegen, dass man Getanes nicht rückgängig machen kann, obwohl man nicht wusste und nicht wissen konnte, was man tat – liegt in der menschlichen Fähigkeit zu verzeihen.« *(Vita activa, S. 301)*

Wenn wir um Entschuldigung bitten können, ist schon viel geschehen. Wir haben etwas versprochen und versucht, es zu halten. Wir sind uns bewusst, dass wir ein Versprechen nicht eingehalten haben. Wir stehen dazu und schieben die Schuld nicht auf andere. Eine Entschuldigung kommt nicht an und funktioniert auch nicht, wenn wir wie kleine Kinder behaupten: »Ja, das stimmt schon, aber die hat damit angefangen. Der hat mich zuerst gehauen. Du hast mich zuerst beschimpft. Die haben zuerst geschossen. Die haben mein Haus zerstört. Die haben mir die Ehre abgeschnitten.« Wer so argumentiert, will sich nicht entschuldigen und will letztlich auch keine Versöhnung. So reden wir unseren Beitrag klein und schieben die

Schuld auf andere. Ob im Sandkasten oder im Ehebett, bei der Arbeit, in der Meditationsgruppe oder im Verein, in der Nahostpolitik oder bei der Aufarbeitung der Nazi-Zeit: Versöhnung ist nur möglich, wenn wir unseren Beitrag erkennen und dazu stehen.

Wir bitten mit Worten um Verzeihung, und wir müssen die Entschuldigung mit eigenen Ohren hören oder eigenen Augen lesen. Doch reichen Worte allein nicht au. Wir müssen auch mit dem Herzen um Verzeihung bitten und die Entschuldigung mit dem Herzen hören. Dann können Verletzungen heilen. Auch bei einer Entschuldigung können wir die Faustregel aus dem sechsten Kapitel anwenden: Eine Verletzung braucht mehrere gleich starke gute Situationen, damit sie heilen kann. Es ist also günstig, wenn es in einer Beziehung einen großen Vorrat an guten Situationen gibt. Dann verletzen nicht eingehaltene Versprechen nicht zu sehr, und eine Entschuldigung kann leichter angenommen werden. Manchmal müssen wir allerdings zuerst wieder eine ganze Reihe unbeschwerter Situationen miteinander erleben, bevor wir uns versöhnen können. Das bereitet den Boden vor. Der vietnamesische Zen-Meister Thich Nhat Hanh nennt das »Blumen oder die Samen des Glücks gießen«.

Die drei folgenden Übungen sind diesem Themenkomplex gewidmet. Wenn wir uns selbst viel nachtragen, beginnen wir mit dem Verzeihen bei uns selbst. Wir fangen mit kleineren Situationen an. Sind wir vertraut damit, wagen wir uns an schwierigere Themen. Denken Sie daran: Das alles sind Übungen und keine Vorschriften. Wir nehmen freundlich zur Kenntnis, was möglich ist. Wenn es uns angemessen scheint, können wir danach mit der betroffenen Person sprechen oder ihr einen Brief schreiben. Wenn wir aus ganzem Herzen verzeihen oder um Verzeihung bitten können, wird uns ein Stein vom Herzen fallen, und die Beziehung wird gestärkt – auch die Beziehung zu uns selbst.

Übung: Ich verzeihe mir selbst

... Wir denken an eine Situation, in der wir ein Versprechen nicht einhalten konnten. Wir fragen uns: »Was hat mich bewogen, dir etwas zu versprechen? In welcher Verfassung war ich? Im siebten Himmel? Hatte ich Schuldgefühle? Ein schlechtes Gewissen? Fiel es mir leicht?« Wir fragen weiter: »Was hat dazu geführt, dass ich mein Versprechen nicht halten konnte? Hat sich mein Leben verändert? Stand ich unter Druck? War ich krank? Hatten wir uns nichts mehr zu sagen?«

Dann sagen wir mehrmals: »Ich verzeihe mir.« Wir suchen für uns passende Worte. Dann fragen wir uns: »Was bewirkt dieser Satz? Kann ich mir verzeihen? Gibt es ein kleines oder großes ›Ja, aber‹?« Wir nehmen zur Kenntnis, in welchem Ausmaß wir uns selbst verzeihen können. Wir können die Übung nach ein paar Tagen wiederholen, auch mehrmals, und akzeptieren, was für uns möglich ist.

Übung: Um Verzeihung bitten

... Wir knüpfen an die vorige Übung an und stellen uns dieselben Fragen. Dann bitten wir die Person, der gegenüber wir unser Versprechen nicht gehalten haben, um Verziehung und wählen dafür die für uns passenden Worte. Wir stellen uns vor, dass die Person uns verzeiht und freuen uns darüber.

Übung: Verzeihen

... Wir denken an eine Situation, in der uns jemand etwas versprochen hat, das aber nicht einhalten konnte. Wir fragen diese Person innerlich: »Was hat dich bewogen, mir etwas zu versprechen? In welcher Verfassung warst du damals? Im siebten Himmel? Hattest du Schuldgefühle? Ein schlechtes

Gewissen? Fiel es dir leicht?« Wir fragen weiter: »Was hat dazu geführt, das du dein Versprechen nicht halten konntest? Hat sich dein Leben verändert? Warst du unter Druck? Warst du krank? Hatten wir uns nichts mehr zu sagen?« Dann sagen wir mehrmals: »Ich verzeihe dir.« Und fragen uns: »Was bewirkt dieser Satz? Kann ich dir verzeihen? Gibt es ein kleines oder großes ›Ja, aber‹?« Wir nehmen zur Kenntnis, in welchem Ausmaß wir verzeihen können. Wir können die Übung nach ein paar Tagen wiederholen und akzeptieren, was für uns möglich ist. Bei einem sehr großen Konflikt können wir uns vorstellen, dass das die letztmögliche Begegnung mit dieser Person ist vor ihrem oder unserem Tod. Dann fällt uns das Verzeihen meist leichter.

Viele Menschen scheuen enge Beziehungen und Verpflichtungen, weil sie ihre Freiheit höher schätzen und sich nicht binden wollen. Sie versprechen nichts und müssen auch nichts verzeihen. Sie gehen einfach keine tiefen Beziehungen mehr ein, auch nicht in einer etwaigen Partnerschaft. Das bedeutet, sie reden nicht wirklich mit dem oder der anderen, sondern leben neben ihr her. Dass sie damit nicht nur das Zusammenleben zerstören, sondern auch sich selbst, merken sie oft erst dann, wenn es zu spät ist. Bindungsunlust und mangelnde Kommunikation sind Auswüchse der Massengesellschaft, Auswüchse unserer Zeit. Wie ist es dazu gekommen, und was können wir tun? Der Veränderung unserer Selbstbilder und Beziehungsnetze ist das nächste Kapitel gewidmet.

20. Ich und du: Neue Lebensformen

Ich werde am Du. Ich werdend spreche ich Du.
Alles wirkliche Leben ist Begegnung. (Martin Buber)

Wer bin ich? Und wer bist du? Diese Fragen treiben die Menschen um, seit sie über sich nachdenken. Welche Rolle spielen Worte, wenn ich mich und andere besser verstehen will? Wie wirken sich Beziehungen und Gespräche auf unser Ichgefühl aus? Welche Rolle spielen dabei die zunehmende Individualisierung, die Auflösung der Beziehungsnetze und der Verlust der gemeinsamen Welt und geteilter kultureller und religiöser Werte?

Die Struktur der deutschen Sprache legt eine bestimmte Weltsicht nahe. Der deutsche Hauptsatz weiß: »Ich bin das Subjekt, und du bist mein Objekt.« Es gibt zwar auch unpersönliche Wendungen wie: »Es regnet«, und es gibt reflexive Verben wie: »Ich ärgere mich«, aber wir reden und denken meist in Subjekt-Objekt-Kategorien. Es ist sehr unwahrscheinlich, dass wir unsere tiefe Verbundenheit spüren, solange wir an den deutschen Hauptsatz glauben. Die Sprache ist so strukturiert, weil wir uns getrennt von allem und allen fühlen, und wir fühlen uns voneinander getrennt, weil wir in dieser Struktur denken und reden. Die Frage nach der Henne und dem Ei führt nicht sehr weit.

Die meisten Kultursprachen unterstützen eine »dualistische« Sicht der Welt, und andere Sprachen kennen wir kaum. Ich war sehr überrascht, als ich zu Beginn meines Tibetisch-Studiums 1977 entdeckte, dass es im Tibetischen strenggenommen nur ein echtes Verb gibt, das Verb »sein«. »Ich gehe auf den Markt.« heißt wörtlich übersetzt: »Mit mir (ist) geschieht zum Markte gehen.« Auch das mit dem Tibetischen verwandte Chinesische ist weniger dualistisch strukturiert. Wer so spricht, achtet vielleicht mehr auf die vielen Bedingungen einer Handlung. Aber auch in Tibet gab es Egoisten, und die Kinder sind nicht gleich nach ihrem ersten Dreiwortsatz erwacht. Auch in Tibet halten Menschen an unrealistischen Selbstbildern fest. An der Sprache allein liegt es nicht, dass wir nicht wissen, wer wir sind und wie wir miteinander leben können.

Und doch bestimmt unser Reden unser Denken und umgekehrt. Der Buddha sagte: »Ich verwende den Begriff »Ich«, ich weiß aber, was ich damit meine.« Er akzeptierte das bedingte und relative Ichgefühl seiner Mitmenschen, widerlegte allerdings mit vielen Argumenten und Gleichnissen den Glauben an ein stabiles und einheitliches Ich als eine fassbare Instanz, die Erfahrungen besitzen und kontrollieren könnte. Das nannte er die Lehre von Nicht-Ich (Pali *anatta*, Sanskrit *anatman*). Mit diesen Lehren konstruktiv umzugehen setzt ein hohes Maß an Selbstbeobachtung voraus, denn sie werden oft missverstanden, nach dem Motto: »Es gibt kein Ich, also muss ich mich um nichts kümmern. Ich weiß nicht, was ich will, und das kommt daher, dass es kein Ich gibt.« Die Lehren vom Nicht-Ich führen viele Menschen unserer Zeit und Kultur auf dünnes Eis. Vor allem, wenn sie einsam sind und sich nicht geborgen fühlen in der Welt.

Viele Menschen haben, tiefenpsychologisch formuliert, ein beschädigtes funktionales Ich. Man muss stabil und gut geerdet sein, wenn man sich auf die Flüchtigkeit jeder Erfahrung einlassen will, und man braucht dazu tiefes Vertrauen in das Unbedingte, in den unfassbaren Grund von allem. Der buddhistische Ansatz des Nicht-Ich führt westliche Menschen, denen dieses Vertrauen fehlt, eher in die Sackgasse der Verzweiflung. Mit der folgenden Übung finden wir heraus, was wir über uns denken und wofür wir uns halten. Wir können diese Übung auch mit einer guten Freundin oder einem Freund durchführen.

Übung: Wer bin ich, wenn ich »ich« sage?

... Wir sagen mehrmals: »Ich bin ...« vor uns hin und registrieren die Gedanken, die dazu aufsteigen: »Ich bin eine Frau. Ich bin siebenundvierzig Jahre alt. Ich bin von Beruf ...« Wir können das, was uns einfällt, auch notieren. Sind wir zu zweit, fragen wir uns abwechselnd, jeweils für drei, vier Minuten: »Wer bist du?« Zum Schluss fragen wir uns: »Welche zehn Punkte sind mir am wichtigsten? Wie viel Raum hatten diese Dinge in den letzten Wochen und Monaten? Mit wem teile ich sie? Wer weiß davon? Wessen zentrale Interessen kenne ich?«

Eine gemeinsame Sprache entsteht zwischen Menschen, die miteinander leben. Das Ichgefühl entsteht im Zusammenleben mit anderen Menschen. »Ich werde am Du. Ich werdend spreche ich Du. Alles wirkliche Leben ist Begegnung.« So formulierte es der jüdische Philosoph Martin Buber. Wir brauchen andere, um Mensch zu werden. Seit Anfang des zwanzigsten Jahrhunderts gibt es ein neues Phänomen: Die Massengesellschaft, in der sich gewachsene Beziehungsnetze auflösen und das Individuum fast verschwindet. Das Gefühl, »ich selbst« zu sein, hat mit einem Leben in Beziehungen, mit vielen Dus zu tun. Wie wirkt sich die Massengesellschaft auf unser Ichgefühl aus und auf die Art und Weise, wie wir miteinander reden? Wir leben in einer Zeit, in der sich unsere Beziehungen drastisch verändern, und zwar in allen Bereichen, persönlich und beruflich, gesellschaftlich und politisch. Das geschieht so schnell, dass wir innerlich kaum mithalten können und uns oft desorientiert und verloren fühlen. Und dies verringert unsere Fähigkeit, Beziehungen einzugehen und mit anderen vertrauensvoll zu reden.

Eine Folge ist, dass wir alle Hoffnungen auf unsere sogenannten Liebesbeziehungen richten. Damit ist jede Zweierbeziehung überfordert. Diese eine Person an unserer Seite soll uns

all die Sicherheit und Wertschätzung, Geborgenheit und Anerkennung geben, die Menschen bis vor zwei, drei Generationen
in ihren vielfältigen Beziehungen in der Blutsfamilie und Orts-
gemeinde, im beruflichen Umfeld und in der Kirchengemeinde
erlebt haben. Und auf diese eine Person richten sich dann alle
Wünsche nach Kommunikation und Austausch, nach Gesehen-
und Gehörtwerden. Das kann nicht gut gehen. Jede Person ist
damit überfordert, und auch daher halten Zweierbeziehungen
immer weniger. Zusätzlich machen die Veränderung der
Geschlechterrollen das Zusammenleben schwieriger.

Wir genießen einerseits mehr Freiheit, erleben aber ohne die
traditionellen Beziehungsnetze sehr viel weniger Sicherheit und
Geborgenheit. Und es gibt weniger gemeinsame Orte und
regelmäßige Anlässe, wo wir mit vertrauten Menschen über uns
und die Welt reden. Zeitgeist, Wirtschaft und Kultur erlauben
uns mehr Freiheiten als zuvor, aber gerade das macht es nicht
leicht, verbindliche Beziehungen einzugehen. Wenn wir uns
dann auf neue Experimente einlassen, auf eine Patchwork-Fami-
lie oder ein Hausprojekt, wird es noch schwieriger. Dann sagen
nicht nur zwei, sondern gleich vier, fünf oder zehn Menschen,
wo es langgehen soll. Wir haben noch keine Gesprächskultur
entwickelt, die dem Rechnung trägt. Mehrheitsentscheidungen
funktionieren in solchen Gruppen nicht, und Konsensentschei-
dungen dauern ewig. Wie wollen wir »demokratisch« miteinander leben, wenn alle bestimmen wollen und niemand nachgeben
möchte? Auch hier gibt es keine Patentrezepte. Wir können aber
miteinander reden und gemeinsam nach Weisen einer heilsamen
und heilenden Kommunikation suchen.

Übung: Lebensformen

... Wir gehen zurück in die Zeit, als wir sieben oder acht Jahre alt
    waren, und fragen uns: »Wie habe ich damals gelebt? Wie

viele Menschen gehörten zur engsten Familie und wie viele zur weiteren Familie? Wie oft bekamen wir Besuch?« Dann fragen wir weiter: »Wie viele Menschen gehören heute zu meinem engsten Kreis? Mit wem lebe ich und wen treffe ich regelmäßig? Freunde, Nachbarn, Angehörige, Bekannte? Wen lade ich zum Geburtstag ein? Was unternehmen wir, wenn wir uns besuchen?« Wir können dann in Schritten von fünf oder sechs Jahren rückwärts durch unser Leben gehen und uns dieselben Fragen stellen. Dann fragen wir uns: »Welche Lebensformen kenne ich aus eigener Erfahrung? Wie möchte ich in fünf Jahren leben? Mit fünfzig oder siebzig? Mit wem rede ich über meine Zukunftspläne?« Zum Abschluss fragen wir uns: »Was kann ich in den nächsten Monaten tun, um der gewünschten Lebensform näherzukommen?«

Unser individueller Lebensstil hat Vor- und Nachteile. Eine Schattenseite ist der Mangel an Verbindlichkeit. Beziehungen sind kurzlebig, und vor allem junge Menschen sind weniger bereit, Ehrenämter zu übernehmen und langfristig in Projekten und Vereinen mitzuarbeiten. Unverbindlichkeit macht einsam. Befristete und ständig wechselnde Arbeitsverhältnisse auch. Einsame Menschen verlernen, gut zu kommunizieren, und halten Konflikte schlechter aus. Das fördert Streit, und wer viel streitet, fühlt sich noch einsamer. Ein tödlicher Kreislauf. Wenn wir das begreifen, können wir beginnen, aus der Not eine Tugend zu machen und die Beziehungen, die wir haben besser zu pflegen. Dabei will Sie dieses Buch unterstützen.

Noch eine Überlegung zum »angespannten« Arbeitsmarkt. Einige sagen es laut: Vollbeschäftigung wird es nie wieder geben. Was tun? Die Idee eines bedingungslosen Grundeinkommens für alle taucht vermehrt in der öffentlichen Debatte auf. Manche halten das für eine schöne Träumerei und manche für die Lösung vieler Probleme, denn Kulturarbeit im weiteren

Sinn – Kultur, Bildung und Pflege – wäre wieder in einem viel breiteren Raum möglich. Wie setzen sich neue Ideen durch? Wenn viele Menschen miteinander über ihre Visionen reden, verändert sich das geistige Klima im Land. Die nächste Übung will Ihnen Mut machen, ihre Visionen zu klären und mit anderen darüber zu reden.

Übung: Die ideale Arbeit

... Wir fragen uns: »Was arbeite ich zur Zeit? Wie lange mache ich das schon?« Falls sie gerade arbeitslos sind oder eine Auszeit nehmen, fragen Sie sich: »Was mache ich derzeit besonders gerne?« Dann fragen Sie sich: »Was würde ich am liebsten tun? Wie sähe eine ideale Arbeitswoche aus? Mit wem rede ich über meine Wunschträume? Mit wem würde ich gerne zusammenarbeiten? Was könnten wir machen?« Zum Abschluss fragen Sie sich: »Was kann ich in den nächsten Wochen und Monaten tun oder lassen, um mich meiner Wunschsituation anzunähern?

Es gibt aber nicht nur die anonyme Massengesellschaft, es gibt auch immer noch tragfähige Gruppen, wenngleich weniger als früher. Wir leben mit Menschen und tun etwas zusammen. Wir singen im Chor, treiben miteinander Sport, diskutieren, lesen Märchen, hüten Kinder und meditieren gemeinsam. Wenn eine Gruppe gut läuft, passiert etwas Wunderbares: Wir entwickeln uns mühelos weiter, und zwar, so eine These von Erich Neumann, auf das Niveau der reifsten Person in der Gruppe. Das ist auch in der Schule und im Betrieb möglich. Neumann unterschiedet sorgfältig zwischen Gruppe und Masse. Nicht jede Ansammlung von Menschen ist eine Gruppe. Eine Gruppe in diesem Sinn definiert sich über gemeinsame Werte und Inhalte und nicht über die Abgrenzung nach außen. Ihre Mitglieder teilen ein positives Menschenbild, kennen sich einigermaßen, treffen sich regelmäßig über einen längeren Zeitraum und tun etwas zusammen. Solche Gruppen halten selten ein ganzes Leben lang, und doch helfen sie uns reifen. Bei Massenansammlungen regredieren Menschen unter Druck auf ein niedrigeres Niveau, und sie tun Dinge, die sie als Einzelne nie tun würden. Beispiele sind Kriege oder Massenpaniken bei Großveranstaltungen.

Wir brauchen vielfältige Beziehungen, wenn wir uns weiterentwickeln und als Menschen reifen wollen. Stille Meditation und kluge Bücher reichen nicht. Nachdenken auch nicht. Wenn wir das einsehen, schätzen wir unsere Beziehungen mehr und pflegen sie. Persönliche Freundschaften sind unverzichtbar, reichen dafür aber nicht. Beziehungen in Gruppen sind weniger von persönlichen Vorlieben geprägt, denn wir können auch mit Menschen zusammen singen und meditieren, die wir nicht besonders mögen und auch nicht zum Geburtstag einladen, und doch fühlen wir uns einander zugehörig. Darum geht es. Wenn wir verstehen, dass es keine perfekten Menschen und Gruppen gibt, werden wir großzügiger und geduldiger. Wir alle haben Stärken und Schwächen, und wir sind verunsichert von den rasanten Veränderungen in uns und um uns herum.

Wenn wir begreifen, dass wir einander brauchen, können wir Beziehungskrisen und Gruppenkonflikte als Wachstumsschmerzen interpretieren. Dann suchen wir gemeinsam nach Wegen, wie wir die Anlaufschwierigkeiten bei der Gestaltung neuer Lebensformen mit Humor und Gelassenheit, mit Mut und Ausdauer meistern können.

Was wir dabei am meisten brauchen, ist die Fähigkeit, liebevoll und klar, konstruktiv und offen miteinander zu reden. Auch wenn es Konflikte gibt.

Sechs: Streiten

Warum streiten wir? Das hat mit drei Fehleinschätzungen zu tun und dem Verhalten, das daraus folgt. Erstens: Wir werden ewig streiten, wenn wir nicht begreifen, dass beide Seiten mitspielen. Zweitens: Wir können erst dann Konflikte auflösen, wenn wir aufhören zu fragen, wer schuld ist. Drittens: Wir können nur dann konstruktiv miteinander streiten, wenn wir uns verbunden fühlen.

21. Zum Streiten gehören zwei

Es gibt keine Sachprobleme, nur Persönlichkeitskonflikte
(Lama Thubten Yeshe)

Im Herbst 1982 trafen sich in der Toskana die Leiterinnen und Leiter von rund 25 Projekten aus aller Welt, die der tibetische Lama Thubten Yeshe seit 1974 inspiriert hatte. Wir waren fast alle wohlmeinende Hippies, die die Welt gerade neu erfanden, und plötzlich mussten wir uns um Vereinsstatuten, Mietkonditionen und Kaufverträge, Briefpapier und Steuererklärungen kümmern. Und um gute Kommunikationsstrukturen. Ich hatte gerade einen heftigen Streit mit einem Kollegen und trug Lama Yeshe meinen Kummer während des gemeinsamen Mittagessens kurz vor. Ich konnte zwar meinen Beitrag zum Konflikt durchaus sehen, fand meine Sicht der Dinge aber eindeutig angemessener als die des Kontrahenten. Ich fühlte mich objektiv im Recht. Lama Yeshe war damals 47 Jahre alt und sprach gut Englisch. Zwei Jahre später starb er an Herzversagen; er starb an einem zu großen Herzen.

Er hörte mir aufmerksam zu – er kannte den Konflikt bereits aus früheren Gesprächen – schaute mich liebevoll an und meinte trocken: »There are no conflicts, just personality clashes.« Auf gut Deutsch: »Es gibt keine Sachprobleme, nur Persönlichkeitskonflikte.« Ich musste tief durchatmen, aber die Botschaft kam an. Dieser Satz wurde mein Mantra für die restlichen sieben der acht Jahre, in der ich sein deutsches Zentrum in Niederbayern leitete. Heute noch fällt mir der Satz sofort ein, wenn ich an Sachkonflikte glaube.

Ein deutsches Sprichwort lautet: Zum Streiten gehören immer zwei. Wir können nur dann einen Streit »inszenieren«, wenn alle Beteiligten ihre Rolle spielen. Zum Streiten gehören zwei; einer allein kann nichts bewirken.

Können wir konstruktiv mit Konflikten umgehen, solange wir an objektive Sachkonflikte glauben? Wir müssen auf jeden Fall einsehen, dass wir ein Teil der Situation sind, sonst gäbe es kein Problem. Wir spielen mit, mit all unseren Mustern und Vorerfahrungen.

Drei Bereiche spielen bei jeder Erfahrung mit: Der äußere Anlass oder die Aufhänger, unsere aktuelle Verfassung oder Stimmung und der Hintergrund. Dazu gehören unsere Ansichten und Vorerfahrungen, emotionalen Muster und Gewohnheiten. Sind wir gut gelaunt und ausgeschlafen, kann uns so leicht nichts außer Fassung bringen. Berührt eine kleine, unbedachte Bemerkung eine alte Wunde, platzt uns unvermittelt der Kragen oder wir brechen in Tränen aus. Das ist der berühmte kleine Tropfen, der ein großes Fass zum Überlaufen bringt. Haben wir Vertrauen zu unserem wahren Wesen, zum unzerstörbaren Urgrund von allem, ärgern wir uns immer noch, aber tief im Herzen wissen wir, es ist alles in Ordnung.

Übung: Aufhänger, Grundstimmung, Hintergrund

... Wir denken an einen kleinen Streit aus den letzten Tagen und fragen uns: »Worum ging es? Was genau war der Auslöser für den Streit? Welche Argumente wurden vorgetragen? Wie habe ich reagiert? Was habe ich gesagt, getan oder gedacht? Welche Auswirkung hatte meine Reaktion? Auf mich selbst? Auf die anderen?« Dann fragen wir weiter: »In welcher Stimmung war ich unmittelbar davor? War ich müde und angestrengt oder ausgeschlafen und gut gelaunt? Was habe ich erwartet oder mir gewünscht?« Als Nächstes untersuchen wir den Hintergrund und fragen: »Kenne ich solche Konflikte? Führt der gleiche Auslöser immer zu einem Konflikt? Mit der gleichen Person? Mit anderen Personen? Mag ich die Person sowieso nicht? Reagiere ich häufig so? Wirkt sich das ähnlich aus?« Dann fragen wir uns: »Kann ich meinen Beitrag zu dem Konflikt spüren?« Zum Abschluss stellen wir uns die beste Variante der Situation vor: Alle verhalten sich im Rahmen ihrer Möglichkeiten optimal und versuchen, das Beste in allen zu fördern.

Übung: Gute Laune und nette Leute

... Wir können die gleiche Situation noch einmal durchspielen und stellen uns vor, wir sind ausgeschlafen und gut gelaunt. Was verändert sich? Wir spielen die gleiche Situation noch einmal durch und ersetzen die Beteiligten durch Menschen, die wir sehr mögen. Was verändert sich? Können wir unseren Beitrag spüren?

Der Anteil der äußeren Aufhänger an unseren Erfahrungen beträgt »meiner« Faustregel nach in der Regel etwa fünf Prozent, die restlichen fünfundneunzig Prozent bringen wir mit, durch die aktuelle Verfassung und unseren biografischen Hintergrund. Diese Aufteilung ist zwar nicht wissenschaftlich belegt, will uns aber nachdrücklich darauf hinweisen, dass wir mehr zu unseren Konflikten beitragen, als wir gemeinhin denken.

Ein tibetisches Sprichwort empfiehlt: »Du brauchst dich nie zu ärgern. Entweder du kannst etwas ändern, dann ändere es. Oder du kannst es nicht ändern, dann brauchst du dich auch nicht zu ärgern.« Es braucht aber Weisheit, um das eine vom anderen zu unterscheiden. Wenn ich mich über eine Freundin ärgere, die am Telefon eine spitze Bemerkung macht, habe ich zwei Möglichkeiten. Bemerke ich den Ärger nicht, werde ich mich wohl verteidigen oder verbal zurückschlagen. Bemerke ich ihn, kann ich mich fragen: »Kann ich das ändern?« Lautet die Antwort: »Ja«, denke ich darüber nach, was ich tun kann, und der Ärger lässt nach. Lautet die Antwort: »Nein«, lässt der Ärger in der Regel auch nach. Bei einem »Jein«, ärgere ich mich vielleicht noch ein paar Minuten nach dem Telefonat und lenke mich dann bewusst mit einer interessanten Tätigkeit ab. Dann stelle ich mir die gleiche Frage nach zwei Stunden noch einmal. Irgendwann weiß ich, ob ich etwas verändern kann oder nicht. Die Frage unterbricht die Neigung, am Ärger festzuhalten, verbal zurückzuschlagen oder nach dem Telefonat zehn Minuten vor mich hin zu schimpfen.

Mit der Zeit sehen wir vielleicht ein, dass zum Streiten zwei gehören, aber irgendwie glauben wir immer, eine Seite sei »wirklich« oder »mehr« schuld. Das verhindert lösungsorientierte Gespräche und tut weh. Der großen Frage »wer ist schuld?«, ist das nächste Kapitel gewidmet.

22. Wer ist schuld?

Wie man in den Wald hineinruft, so schallt es heraus.
Was du willst, das man dir tu, das füge auch den andern zu.

Eine weiße Psychotherapeutin aus Simbabwe erzählte auf einem Seminar über Buddhismus und Psychotherapie Folgendes: »Bei einem Unfall stehen im Nu zwanzig Leute da. Die weißen Afrikaner fragen meist: »Wer ist schuld?« Die schwarzen Afrikaner fragen: »Kegané? Was kann ich tun?« Wenn wir uns nur diese Frage im Alltag häufiger stellen, wird unser Leben sehr viel einfacher. Ob wir einen Unfall oder einen Streit nun psychologisch oder buddhistisch, politisch oder ökonomisch interpretieren, die Frage nach den Schuldigen führt meist nicht zu einer schnellen, konstruktiven Lösung. Sie führt uns auf dünnes Eis und in dichten Nebel. Die Frage »was kann ich tun?«, schließt die Suche nach unmittelbaren Ursachen mit ein, wir bleiben aber offen. Wenn wir ahnen, dass es mehr Bedingungen für einen Konflikt gibt, als wir erkennen, achten wir auf möglichst viele Faktoren und tun unser Bestes. So gehen wir unvoreingenommener und offener an Probleme heran und reden auch anders miteinander. Und dann finden wir gemeinsam Lösungen.

Übung: Was kann ich tun?

... Wir denken an einen Streit aus den letzten Tagen und fragen uns: »Was war der Anlass? Wie habe ich reagiert? Was habe ich gesagt, getan oder gedacht? Wie hat die andere Person reagiert? Was hat unser Verhalten bewirkt? Für mich? Für die anderen?«
Dann spielen wir zwei Varianten der Situation durch. Zunächst fragen wir uns: »Wer ist schuld?«, und achten auf Bilder, Gedanken und Sätze, die aufsteigen. Dann fragen wir: »Kegané? Was kann ich zur Lösung des Konflikts beitragen?«, und wir achten wieder auf Bilder, Gedanken und Sätze. Dann denken wir an einen aktuellen Konflikt zuhause, bei der Arbeit oder im Freundeskreis und fragen uns: »Kegané? Was kann ich zur Lösung beiragen?« Zum Abschluss nehmen wir uns vor, uns beim nächsten Konflikt diese Frage zu stellen.

Wie entstehen Schuldzuweisungen und Schuldgefühle? Eine These lautet: Hinter Schuldzuweisungen und Schuldgefühlen steht der Anspruch, wir oder andere könnten die Situation kontrollieren und in den Griff bekommen. Wenn etwas schiefgeht oder wehtut, glaube ich im ersten Moment, jemand sei schuld, entweder die anderen oder ich selbst. Buddhistisch interpretiert glaube ich dann, es gäbe eine fassbare Instanz, die Erfahrungen und Gedanken, Gefühle und Verhaltensweisen besitzt und kontrolliert. Diese Ansicht hielt der Buddha für falsch, und er widerlegte sie sein Leben lang. Wir brauchen seine Lehre vom Nicht-Ich hier nicht in allen Feinheiten zu verstehen. Es reicht, wenn wir unsere Erfahrungen genauer beobachten und feststellen, dass niemand – weder wir noch die Sterne, weder der liebe Gott noch Karma oder Buddha – sie im Griff hat. Der englische Lehrer Rigdzin Shikpo sieht unser Leben so: »Ein See von Bedingungen und nichts im Griff.« Schuldzuweisungen verhindern konstruktive Gespräche. Die Einsicht, dass niemand schuld ist, motiviert uns dazu, gemeinsam nach Lösungen zu suchen.

Die buddhistische Tradition lehrt, dass sich die Folgen unseres Handelns in unseren Gefühlen zeigen. Angenehme Erfahrungen gelten als Folge heilsamer Handlungen und unangenehme Erfahrungen als Folge unheilsamer Handlungen. Es heißt weiter: Die Qualität unserer Handlungen hängt in erster Linie von unseren Motiven ab, nicht nur davon, *was* wir tun, sondern *wie* wir es tun. Wenn Gier, Abwehr und Unklarheit Herz und Geist »vergiften«, schaden wir mit dem, was wir denken, reden und tun, uns und anderen. Unsere Motive sind meistens vielschichtig, und sie sind nicht leicht zu erkennen. Wir können ihre Qualität aber im Nachhinein an unseren Erfahrungen ablesen. Es nützt nichts, mit aufgeregten Herzen und unklarem Geist über mögliche negative oder positive Motive zu grübeln und in langen Gesprächen über die Gründe unseres Verhaltens zu spekulieren. Wir können aber unangenehme Erfahrungen anschauen und uns das nächste Mal anders verhalten.

Wenn wir also häufig schlechter Laune sind und beschimpft werden, uns immer wieder streiten und an Minderwertigkeitsgefühlen leiden, ist das eine Folge früheren Handelns. Und zwar im doppelten Sinn. Jede Handlung hat zwei Folgen: Sie stärkt die *Neigung*, sie zu wiederholen, und sie zieht ähnliche *Erfahrungen* an. Das können wir selbst überprüfen. Und wir können etwas tun: Alles, was wir erleben wollen, sollten wir selbst tun. Der Volksmund weiß: »Wie man in den Wald hineinruft, so schallt es heraus.«

Wenn wir häufiger guter Dinge sein und Komplimente hören wollen, uns mehr Selbstvertrauen und kooperative Kollegen wünschen, können wir sofort den Boden dafür bereiten. Wir üben freundliche Rede und Geduld, Zuhören und selbstbewusstes Auftreten und ziehen dadurch Menschen an, die das auch tun. Ich orientiere mich seit knapp dreißig Jahren daran und bin sehr zufrieden mit den Ergebnissen. Unser Leben bekommen wir damit nicht in den Griff. Wir schaffen aber heilsame Tendenzen, und sie ziehen gute Erfahrungen an. Wir fragen seltener: »Wer ist schuld?«, tun, was wir können, und ärgern uns weniger.

Übung: Neigung und Erfahrung

... Wir denken an eine Situation in den letzten Tagen, in der wir uns über die spitze Bemerkung einer Nachbarin, das Jammern der Kollegin, über dumme Witze und den Klatsch im Aufenthaltsraum geärgert haben. Wir stellen zunächst die alte Frage: »Wer ist schuld an der unangenehmen Stimmung?« Dann fragen wir weiter: »Was genau hat mich gestört? Was hat meinen Ärger ausgelöst? Wie habe ich reagiert? Was hat meine Reaktion bewirkt? Bei mir und bei den anderen?« Im Freiraum der Übung probieren wir jetzt neue Verhaltensweisen aus. Wir fragen: »Was kann ich tun, um die Situation zu entspannen?« Wir stellen uns vor, dass wir genauso reden und auftreten, wie wir uns das von anderen wünschen. Wir denken an eine bevorstehende Begegnung und stellen uns vor, dass wir uns anders verhalten. Wir können die Situation mehrmals durchspielen, bis das neue Verhalten »sitzt« oder leichter fällt.

Übung: Schuldgefühle klären

... Eine Schreibübung aus dem buddhistisch-therapeutischen Tara-Rokpa-Prozess hilft uns, Schuldgefühle und Schuldzuweisungen aufzulösen. Wir fangen mit einer Schuldzuweisung an. Wir schreiben der »schuldigen« Person einen Brief und lassen ungefiltert alle Vorwürfe zu. Am folgenden Tag versetzen wir uns in die andere Person und schreiben ihre Entgegnung an uns. Diesen Zyklus wiederholen wir mit jeweils einem Tag Abstand drei oder vier Mal, so lange, bis uns ein Stein vom Herzen fällt. Bei besonders schwierigen Beziehungen wiederholen wir das Ganze nach einigen Wochen. Die Briefe schicken wir nicht ab, sondern vernichten sie nach einiger Zeit. Wir können auch an uns selbst schreiben, wenn wir uns etwas nicht verzeihen können, was wir vor vielen Jahren getan haben.

In den nächsten beiden Kapiteln schauen wir uns die äußeren Bedingungen und den emotionalen Hintergrund für eingefahrene Redestile und Verhaltensmuster an.

23. Mangel und Streit

Wer brüllt, hat's nötig

Wer brüllt, hat's nötig, sagt der Volksmund. Wer streitet, fühlt ich schwach und hat Angst. Mit dreiundzwanzig hatte ich eine gute Freundin, die Mensche mit einem Satz vernichten konnte, manchmal reichte sogar ein Blick. Ich mochte sie sehr, hatte aber immer ein wenig Angst vor ihr, wenn ich die Zielscheibe ihres Ärgers war. Einmal stand sie etwa fünf Meter von mir entfernt, und ich konnte richtig sehen, wie die Wut in ihr hochstieg. Da es nicht um mich ging, hatte ich keine Angst. Plötzlich »sah« ich das kleine Mädchen, das nicht mehr weiter weiß und sich aus Ohnmacht in eine Wut hineinsteigert. Ich ging auf sie zu, nahm sie in den Arm, und – sie fing an zu weinen. Ich hatte nie wieder Angst vor ihrer Wut, auch dann nicht, wenn sie auf mich wütend war.

Auch das entdecken wir, wenn wir auf unsere Motive beim Reden achten: Hinter Wut und Neid, hinter leidenschaftlichem Habenwollen und Abwehren stecken Angst und Ohnmacht und Mangelgefühle. Wer brüllt hat's nötig. Was geschieht genau, wenn wir uns ärgern? Was ist alles bereits geschehen, wenn sich der Ärger zeigt? Aggressiv oder anklagend, extrovertiert oder introvertiert, als sichtbare und hörbare Wut oder oft unhörbar und unsichtbar als Abschotten und Selbstmitleid?

Wir können es so interpretieren: Wie wir unser wahres Wesen, den göttlichen Urgrund, die vertikale Dimension des Lebens, nicht kennen, fühlen wir uns nicht nur relativ und bedingt verschieden, also existentiell getrennt, sondern essentiell getrennt von allen und allem. Dann sehen wir keinen gemeinsamen Grund und wir halten uns ausschließlich für den bedingten Körper und Geist, für das, was wir mit den fünf Sinnen und dem Verstand erfassen können. Das führt zu einer tiefen Unsicherheit, die wir mit überzogenen Idealen und Erwartungen zu kompensieren suchen, oder wir halten uns gleich für Versager und nutzlos, für irrelevante Staubpartikel in einem leeren Universum oder für intelligentere Affen mit Tischsitten.

Unsere brüchigen Selbstbilder, Erwartungen und Vorstellungen über uns und die Welt verteidigen wir dann mit aufgeregten und aufwühlenden Emotionen. So spüren wir zumindest etwas Energie und fühlen uns lebendiger, auch wenn Emotionen selbst viel Energie kosten. Da uns das aber immer noch keine echte Sicherheit gibt, wiederholen wir unser Verhalten immer und immer wieder, bis wir uns mit unseren Gewohnheiten einigermaßen sicher fühlen. Wir bewegen uns im Bekannten und denken und sagen und tun jeden Tag dasselbe und hoffen darauf, dass wir uns irgendwann sicherer fühlen. Im nächsten Jahr oder im nächsten Leben, mit der nächsten Beziehung oder beim nächsten Job.

Wer brüllt, hat's nötig, und wer Kleidung kauft, sie aber nicht trägt, und Bücher sammelt und sie nicht liest, auch. Wir schlagen um uns und sammeln Dinge aus einem Mangel heraus. Ohne Kontakt zu unserem wahren Wesen bleiben wir unsicher, egal wie viel wir besitzen und wie gut wir uns verteidigen können. Wenn wir mit anderen zusammen leben und arbeiten, prallen immer unterschiedliche Lebenswelten und Erfahrungen aufeinander. Fühlen wir uns einigermaßen sicher mit uns selbst und mögen uns, dann finden wir das interessant und anregend. Man kann jeden Haushalt, jedes Fest und jede Arbeit unterschiedlich organisieren, und wir mögen und schätzen auch unterschiedliche Menschen.

Was können wir aber tun, wenn wir unsicher sind und uns nicht besonders mögen? Die kurze Antwort des Buddha ist bestechend einfach: »Tu Gutes, meide das Böse und zähme deinen Geist.« Wir halten uns an ethische Regeln und sind höflich und zuvorkommend, bis wir unser wahres Wesen entdeckt haben. Und selbst dann bleiben wir bei diesem Verhalten und sind den anderen Vorbild auf dem Weg. Wir finden unser wahres Wesen leichter, wenn wir nicht ständig auf dem Zahnfleisch gehen, uns über Gott und die Welt ärgern und den Rest der Menschheit für dumm und unzuverlässig halten.

Drei Übungen können uns auf diesem Weg begleiten. Wenn wir den Zusammenhang von Mangelgefühlen, Erwartungen und Ärger untersuchen wollen, können wir die in der Einführung vorgestellte Übung »Sternstunden« zwei Wochen lang durchführen. Fühlen wir uns wohl, haben wir in *dem* Augenblick keine überzogenen Erwartungen und können uns auch nicht gleichzeitig ärgern. Dann spüren wir mit Leib und Seele, dass wir nicht nur aus Mangelgefühlen und Ärger bestehen. Die zweite Übung zeigt uns den Zusammenhang von Mangel, Ohnmacht und Wut und hilft uns, unsere Stärken zu entdecken. Wenn wir sie häufiger machen, verstärkt das ihre Wirkung. Die dritte Übung knüpft an die alltägliche Erfahrung an, dass wir uns stark fühlen, wenn wir wütend sind. Das ist ein Grund dafür, uns zu ärgern: Damit wir Energie spüren und uns stark fühlen.

Übung: Mangel, Ohnmacht, eigene Stärken

... Wir denken an eine kleine Situation in den letzten Tagen, in der wir uns geärgert haben, und fragen uns: »Was genau hat den Ärger ausgelöst? Wie habe ich reagiert? Was habe ich gesagt, getan oder bloß gedacht? Was hat meine Reaktion bewirkt? Bei mir und bei den anderen?« Wir fragen uns dann: »Wie habe ich mich unmittelbar davor gefühlt? War ich unsicher? Hatte ich Angst? Was habe ich erwartet? Was habe ich gesagt, getan oder bloß gedacht? Was haben die anderen über mich gedacht? Wie sehen sie mich? Wie sollen sie mich sehen? Was dürfen sie nicht von mir wissen?« Wenn wir dabei keine Gefühle des Mangels spüren, können wir überlegen, wie wir das Beste aus der Situation machen. Entdecken wir Gefühle des Mangels und der Ohnmacht, schauen wir sie genauer an und fragen uns: »Bin ich wirklich so wenig wert und so ohnmächtig? Was kann ich tun, sagen oder denken, um mich stärker und wertvoller zu fühlen? Was sind meine Stärken? Wie kann ich sie leben?« Wir formulieren dann einige unserer Stärken in einem Satz: »Ich bin zuverlässig. Ich kann gut vorlesen. Ich bin großzügig. Ich kann gut organisieren …« Wir können auch gute Wünsche für uns selbst formulieren und sagen: »Möge ich glücklich sein, gesund und stark, heiter und gelassen.« Wir sprechen diesen Satz einige Male innerlich, bewegen ihn im Herzen und freuen uns daran. Wenn wir das häufiger tun, fällt es uns leichter.

Übung: Wut und Kraft

… Wir denken an ein Gespräch, über das wir uns geärgert haben, und fragen uns: »Was genau hat den Ärger ausgelöst? Wie habe ich reagiert? Was hat meine Reaktion bewirkt? Bei mir und bei den anderen? In welcher Stimmung war ich unmittelbar davor? Was habe ich von den anderen erwartet?« Dann achten wir auf die Körperempfindungen und fragen uns: »Wo spüre ich den Ärger besonders gut? Im Brustbereich? Im Becken? In den Händen? Im Nacken?« Wir achten auf die Kraft, die im Ärger steckt, überall im Körper. Wir genießen die Kraft, die wir in diesem Augenblick spüren. Das klappt besonders gut, wenn wir nur auf die Körperempfindungen achten und nicht auf die Argumente. Wir können uns die Energie und Kraft auch als weißes, strahlende Licht vorstellen, das den ganzen Körper durchdringt. Das können wir genießen. Wir spielen die Situation dann noch einmal durch mit dem Gefühl der inneren Stärke und Kraft. Wir achten auch auf kleine Veränderungen im Gespräch und freuen uns darüber.

24. Politische Konflikte

Es kann der Frömmste nicht in Frieden leben,
wenn es dem bösen Nachbarn nicht gefällt. (Schiller)
Oder doch?

Streit beginnt im eigenen Herzen, und irgendwann brennen
Bücher und Menschen, und es gibt Krieg und Gewalt. Am dritten Jahrestag des »11. September« hielt ich in der Schweiz einen
Vortrag zum Thema »Kreativ Streiten«. Wir hatten das Thema
passend zum Datum gewählt, denn beides hat miteinander zu
tun. Und so möchte ich auch in diesem Buch einige Überlegungen zu politischen Konflikten vorstellen, wohl wissend, dass das
Thema »politischer Terrorismus« sehr komplex ist.

Rechte Rede ist nicht nur eine schöne Sache, die das Leben im
Beruf und in privaten Beziehungen ein wenig leichter macht.
Rechte Rede ist auch ein wichtiger Schlüssel zur Lösung politi-
scher Konflikte bei uns und in der Welt. Wer behauptet, der
Kapitalismus und die Globalisierung, der Islam an sich oder das
Christentum seien schuld an der politischen Misere, hat die
Hoffnung schon verloren. »Wir sind das Volk«, riefen die Mon-
tagsdemonstranten 1989 in Leipzig und trugen lautstark dazu
bei, dass das Undenkbare möglich wurde. Der Fall der Mauer.

Wer heilsam redet, zuhause, bei der Arbeit und im öffentlichen Raum, verändert die Welt. Jede politische Bewegung fing
als Gespräch unter Menschen an, die etwas verändern wollten.
Ich glaube wie Hannah Arendt und viele andere an die Fähigkeit der Menschen, immer wieder einen neuen Anfang zu setzen. Diese Überzeugung hilft mir leben.

Hinter jeder aggressiven Auseinandersetzung, ob zwischen
Paaren, Nachbarn oder Staaten, steckt ein Gefühl des Mangels.
Vielleicht spielt bei dem Anschlag auf das World Trade Center

am 11. September 2001 mehr mit als nur der Hass auf die wirtschaftliche und militärische Supermacht USA, in der Gier und Machtstreben ungeniert dominieren und traditionelle Werte faktisch kaum noch eine Rolle spielen, auch wenn einige sie noch im Munde führen. Der höchste Wert scheint das Geldverdienen und nicht ein konstruktives Miteinander, Freude an der Natur oder Kultur.

Vielleicht wird dieser Hass aus einer tiefen Enttäuschung darüber genährt, dass die arabische Welt trotz ihres Ölreichtums und der ruhmreichen Geschichte des Islam in den ersten Jahrhunderten kein politisches und soziales Modell geschaffen hat, das als Alternative zum westlichen globalisierten Kapitalismus dienen könnte.

Die Unbedingtheit, mit der christlich-kapitalistisch-westliche Moderne und arabisch-islamische Stammesgesellschaften einander verteufeln, hat viel mit dem Transzendenzverlust in beiden Kulturen zu tun. Weder in der arabisch-islamischen noch in der westlich-christlichen Kultur lernen Kinder und Erwachsene eine lebendige Spiritualität kennen, die den Zugang zur Transzendenz öffnet und damit zur tiefen Verbundenheit mit allem, was lebt. Auf beiden Seiten dominieren institutionalisierte Religionen, die das Heil nur in ihrer Auslegung der Schriften sehen und sich scharf gegeneinander abgrenzen.

Es gibt inzwischen einige hoffnungsvolle Versuche, Gespräche zwischen Feinden wieder in Gang zu bringen. Der vietnamesische Zen-Meister Thich Nhat Hanh veranstaltet regelmäßig in »Plum Village«, seinem Zentrum im französischen Exil, Seminare mit Israelis und Palästinensern, in denen beide Seiten lernen, miteinander zu reden und vor allem einander zuzuhören. Die Hoffnung ist, dass sich dies auf das politische Klima im eigenen Land und zwischen den Kontrahenten auswirkt. Die »gewaltfreie Kommunikation« von Marshall Rosenberg wird in

Städten mit ethnischen Konflikten inzwischen erfolgreich ausprobiert. Beide Weisen konstruktiver Kommunikation zwischen streitenden Parteien stelle ich im 29. Kapitel als Übung vor. Bei zwei weiteren neuen politischen Bewegungen geht es ebenfalls um das miteinander Reden. Ihr Vorgehen lässt sich auch auf Konflikte in der Familie und in der Nachbarschaft, in Vereinen und im Betrieb übertragen.

Erstens: Seit Ende der neunziger Jahre treffen ich hochrangige Ex-Politiker aus Israel und Palästina und politisch interessierte Bürger aus beiden Ländern, die die Hoffnung auf ein friedliches Zusammenleben nicht verloren haben. Was tun sie? Sie erzählen sich Geschichten. Sie sprechen über ihre Erfahrungen in der Intifada. Alle haben Angehörige verloren, viele ihr Zuhause und ihre Arbeit. Alle leiden unter der Perspektivlosigkeit der derzeitigen politischen Führer, und alle haben Angst. Sie suchen nicht nach Schuldigen, und sie schmieden auch keine hochfliegenden Friedenspläne. Sie erzählen sich Geschichten, und sie hören zu.

Zweitens: Es gibt inzwischen eine neue Art von kleinem Grenzverkehr zwischen Israel und Palästina. Die Menschen an der Grenzlinie fangen seit Mitte 2005 wieder an, miteinander zu reden und jeden Spielraum für Begegnung und Kleinhandel zu nutzen. Sie hören nicht mehr auf die Ideologien beider Seiten, sondern hören sich gegenseitig zu. Beide Initiativen kommen von unten. Sie lassen hoffen.

Für Konflikte und Streits auf allen Ebenen gilt: Zum Streiten gehören zwei, und zum Versöhnen auch. Es reicht nicht, wenn nur eine Seite die Hand ausstreckt. Es muss sie auch jemand ergreifen. Wir können es allerdings immer wieder versuchen. Dazu brauchen wir einen langen Atem. Wie Mut und Kraft, Zuversicht und das Vertrauen auf Lösungen entstehen, davon handelt der nächste Abschnitt.

Heilen

Sieben: Verbundenheit

Es gibt immer Menschen um uns herum, auch wenn wir allein wohnen und arbeiten, keine Angehörigen haben und nur wenige Menschen persönlich kennen. Mögen wir andere, spüren wir das Gefühl der Verbundenheit mit ihnen sehr leicht. Können wir unser Glück miteinander teilen, wird es noch intensiver. Das gilt auch, wenn wir unser Leid gut miteinander teilen können.

Da nicht alle Leute immer nett und freundlich sind und wir selbst auch nicht, brauchen wir Gleichmut und heitere Gelassenheit, um uns in schwierigen Situationen nicht innerlich zu verschließen oder einander anzugreifen. Das Gefühl der Verbundenheit mit anderen wird stärker und belastungsfähiger, wenn wir uns um vier Haltungen bewusst bemühen: Liebe, Mitgefühl, Mitfreude und Gleichmut. Sie heißen auch: Freundlichkeit, Erbarmen, Freude und heitere Gelassenheit.

Diese vier Haltungen sind spontaner Ausdruck des Lebens im Kontakt mit unserem wahren Wesen. Sie werden in den buddhistischen Traditionen oft als kurzer Vers rezitiert und gesungen und in der Meditation im Herzen bewegt. In der südlichen Tradition des Buddhismus heißen sie wörtlich »göttlicher Ort« (Pali *brahma vihara*). Mit diesen Gefühlen leben wir im Götterhimmel. Daher sind es »himmlische Gefühle«. Die Tibeter nennen sie »unermessliche Haltungen« (Sanskrit *apramana*), da ihre regelmäßige Übung uns in die Erfahrung der absoluten und unbegrenzten Verbundenheit mit allen Wesen führt. Ein klassischer Vers fasst sie so zusammen:

Übung: Die vier himmlischen Gefühle

... Mögen alle Wesen glücklich sein.
Mögen alle Wesen frei sein von Leid.
Mögen alle Wesen das höchste Glück erleben.
Mögen alle Wesen in Gleichmut ruhen.

Die folgenden vier Kapitel erklären, wie diese Haltungen entstehen und wie wir sie für uns allein und in der Begegnung mit anderen systematisch schulen können.

25. Liebe

Im Augenblick der Liebe scheint das wahre Wesen auf.
(Dritter Karmapa)
Sei freundlich zu dir, dann bist du auch freundlich zu anderen.
(Lama Thubten Yeshe)

Wenn wir uns verlieben, schweben wir auf Wolke Sieben. Was geschieht in solchen Momenten? In solchen Momenten scheint unser wahres Wesen auf. Das wahre oder große Selbst, das uns da mit ungeahnter Lebendigkeit und Liebe, mit Offenheit und Klarheit erfüllt, gehört uns aber nicht. Es ist das, was uns mit allen Wesen verbindet, jenseits von Zeit und Raum. Diese Dimension scheint in Momenten der Freude und Liebe, der Dankbarkeit und Einsicht auf, und manchmal auch in Momenten großen Leids und tiefer Verzweiflung, der Verlassenheit und Todesgefahr.

In Momenten tiefer Berührung und in Grenzerfahrungen spüren wir unsere essentielle Verbundenheit. Wir werden »durchsichtig« für die vertikale Dimension, für den unfassbaren und doch so spürbaren Urgrund. Deshalb lieben wir in solchen Augenblicken die ganze Welt, und die Person, mit der wir das erleben, lieben wir unerschütterlich und für immer und ewig. Das »stimmt« auch in diesem Augenblick, weil das, was wir da »berühren«, jenseits von Zeit und Raum ist. Das ist die Grundlage für das Gefühl der Verbundenheit mit allen Lebewesen.

Wenn wir den gemeinsamen Urgrund spüren, können wir uns selbst in unserer menschlichen Unvollkommenheit besser annehmen und lichter mit unseren ebenso unvollkommenen Mitmenschen leben. Erst wenn wir uns jenseits von Worten miteinander verbunden fühlen, können wir konstruktiv miteinander streiten und unsere Unterschiede wertschätzen. Ohne Kontakt mit dieser Dimension fühlen wir uns leicht bedroht und spüren in Konflikten nur unsere Vorlieben und Abneigungen. Das führt zu Dramen und Rechtsstreits, Menschen reden nicht mehr miteinander, sondern führen Krieg.

In besonderen Momenten scheint diese Dimension auf. Meist aber bleibt sie verborgen unter Gewohnheiten und emotionaler Aufregung, unter Erwartungen und Ansichten, unter dem Gefühl der Getrenntheit und des existentiellen Mangels. Wir gehen mit beiden Erfahrungen unterschiedlich um, mit den Erfahrungen der Fülle und des Mangels, mit Erfahrungen der Verbundenheit und der Getrenntheit. Manchmal zweifeln wir an unseren Erfahrungen der Allverbundenheit und halten uns lieber an das, was wir mit den Sinnen und dem Verstand fassen können. Dann wieder ahnen wir, dass es viele Dinge zwischen Himmel und Erde gibt, die unsere Schulweisheit nicht fassen kann, und hüten solche Erfahrungen wie einen kostbaren Schatz.

Auf dem spirituellen Weg lernen wir, tiefe Erfahrungen der Liebe und Verbundenheit als Ausdruck unseres wahren Wesens zu verstehen. Haben wir das ein einziges Mal gründlich verstanden, verwandelt sich diese Einsicht mit der Zeit in immer tieferes Vertrauen. Dieses Vertrauen trägt uns auch dann, wenn wir schlecht gelaunt oder krank sind. Wir spüren es als die gemeinsame Grundlage von allem, auch wenn wir gerade mit der Kollegin streiten oder die Nachbarin unmöglich finden. Es trägt uns, wenn alles zusammenbricht und die Welt einem Irrenhaus gleicht. Auch wenn wir gerade in einer Trennung stecken oder ein geliebter Mensch schwer krank ist, spüren wir, dass unter dem Schmerz alles in Ordnung ist. In religiösen Begriffen formuliert, trägt uns die vertikale Dimension des Lebens, wenn die horizontale Dimension verrückt spielt und es in der Welt der zehntausend Dinge drunter und drüber geht. Ohne Zugang zu dieser Dimension verzweifeln wir am eigenen Leben und an der kulturellen, politischen und wirtschaftlichen Lage in der Welt.

Wie können wir diese Dimension entdecken? Wie wird unser Vertrauen in sie stärker? Es geht nicht darum, ununterbrochen in heiterer Glückseligkeit zu leben. Auch nicht darum, fatalistisch oder heroisch und mit zusammengebissenen Zähnen in der horizontalen Dimension zu leiden und an die vertikale Dimension zu glauben, die irgendwo unbekannterweise wirkt und alles im Griff hat.

Wir können stattdessen zweierlei tun: Erstens jede Erfahrung der Liebe und Verbundenheit als Ausdruck unseres wahren Wesens interpretieren. Das fördert unsere Einsicht in die absolute Verbundenheit mit allen Wesen. Zweitens können wir darauf achten, wie sehr wir schon auf der relativen Ebene miteinander verbunden sind: Alles, was wir sind, haben wir mit anderen Menschen gelernt, und fast alles, was uns das Leben leicht und angenehm macht, haben andere Menschen hergestellt. Wenn wir dann noch an Musik und Kunst, an weise Gedanken und gute Bücher denken, wird uns klar, mit wie vielen Menschen in unterschiedlichen Zeiten wir verbunden sind. Wenn wir das sehen, spüren wir Dankbarkeit und fühlen uns dadurch stärker verbunden. So zu denken wirkt vielleicht anfangs ein wenig künstlich. Fühlen wir uns in der sicht- und spürbaren horizontalen Dimension mehr miteinander verbunden, gewinnen wir leichter Zugang zur unsichtbaren vertikalen Dimension. Auch die relative und bedingte Nächstenliebe »lohnt« sich. Der Dalai Lama nennt Wertschätzung für unsere Mitmenschen »weise Selbstsucht«.

Dankbarkeit stärkt das Gefühl der Verbundenheit mit anderen. Wenn wir sie mit der Zeit auch in Worten und Gesten ausdrücken, wird sie noch größer.

Für die folgende Übung eignet sich ein Zimmer mit vielen schönen Dingen.

Übung: Dankbarkeit

... Wir setzen uns bequem hin und begleiten dann für drei, vier Minuten den natürlichen Atemrhythmus mit den Worten: »Ja zum Leben. Danke fürs Leben.« Dann schauen wir uns im Zimmer um und betrachten nacheinander vier, fünf Dinge und fragen uns: »Wer hat das hergestellt? Wie lange besitze ich das schon? Wo habe ich es gekauft? Wer hat es mir geschenkt?« Wir sagen jedes Mal innerlich: »Danke.« Zum Abschluss genießen wir das Gefühl der Dankbarkeit für die vielen Dinge, die unser Leben leicht und angenehm machen und die uns inspirieren und stärken. Wir können an die Menschen denken, die damit zu tun haben, und die Verbundenheit mit ihnen spüren.

Übung: Tischgebet

... Wir können die Übung Dankbarkeit auch als Tischgebet oder Essensmeditation durchführen. Wir schauen den Salat und das Gemüse, die Kartoffeln und die Nachspeise an und denken an die Menschen, die diese Nahrung angebaut oder geerntet, abgepackt und transportiert, verkauft und vielleicht sogar zubereitet haben. Mit all diesen Menschen sind wir direkt oder indirekt verbunden. Wir sagen innerlich: »Danke«, und freuen uns über unser Essen. Wenn wir dann noch an ihre Eltern und deren Vorfahren denken, sind wir irgendwann bei Adam und Eva und fühlen uns mit Menschen aller Zeiten und Räume verbunden.

Übung: Mögen alle Wesen glücklich sein

... »Mögen alle Wesen glücklich sein.« Wir können diesen Satz zehn Minuten lang innerlich wiederholen und ihn wie ein Mantra im Herzen bewegen. Wir können ihn auch anders formulieren, für uns selbst und für bestimmte Menschen: »Möge ich glücklich sein und gesund, froh und voller Zuversicht. Möge X glücklich sein und gesund, froh und voller Zuversicht.«

26. Freude

Es gibt keinen Weg ins Glück. Glück ist der Weg.
Geteilte Freude ist doppelte Freude.

Wenn wir uns freuen, fühlen wir uns mit dem verbunden, was wir tun, und mit den Menschen, mit denen wir das erleben. Freude ist ein schöner und einfacher Weg, das Gefühl der Verbundenheit miteinander zu wecken und zu stärken. Wir schauen uns in diesem Kapitel besonders die Sinnesfreuden an, denn sie sind ein guter Ausgangspunkt für ein tiefes Gefühl der Zuneigung und Verbundenheit. Allerdings nur dann, wenn wir zwei Dinge verstehen: Sinnesfreuden dauern nur kurz, und die Freude, die wir erleben, entsteht in uns. Dinge, Menschen und Umstände sind nur Auslöser und nicht Ursachen der Sinnesfreuden.

Jeden Tag erleben wir die Freuden der fünf Sinne. Wir genießen den glatten Stoff der Seidenbluse und freuen uns am Lichtspiel des Morgenhimmels. Wir lassen ein Stück Schokolade auf der Zunge zergehen, entspannen uns beim Duft der Kartoffelsuppe und lauschen dem Klang einer geliebten Stimme. Wir erleben das häufiger, als wir denken. Wenn wir ab und zu darauf achten, fühlen wir uns wohler. Sinnesfreuden haben allerdings einen eher schlechten Ruf in spirituellen Kreisen. Warum? Meist halten wir den Aufhänger – den liebevollen Blick oder ein Kompliment, die Suppe oder den Morgenhimmel – für die Ursache des Wohlbefindens. Dann klammern wir uns an die geliebte Person, essen zu viel Suppe und jammern darüber, dass der Himmel selten so schön ist wie grade jetzt.

Beobachten wir das komplexe Zusammenspiel von Aufhängern, aktueller Verfassung und Hintergrund bei angenehmen Sinneserfahrungen genauer, begreifen wir mit der Zeit, dass die Quelle der Freude im eigenen Herzen ruht. Dann müssen wir weise akzeptieren, dass Sinneserfahrungen nicht andauern. Sie dauern wie alle Erfahrungen nur sehr kurz. Weil sie so kurzlebig sind, suchen wir ständig nach neuen angenehmen Sinneserfahrungen. Wir müssen aber nicht nur akzeptieren, dass die angenehmen Sinneserfahrungen kurzlebig sind, sondern auch, dass es unangenehme Erfahrungen gibt, denn es gibt auch versalzene Suppen, quietschende Reifen, Müllberge, die zum Himmel stinken, Stecknadeln in der Couch, dumme Bemerkungen und Kritik. Diese Überlegungen helfen uns, nicht *mehr* von den Sinneserfahrungen zu erwarten, als sie uns schenken können. Sie werden zum Ausgangspunkt für das Glück des offenen Herzens, wenn wir daran denken, dass wir schöne Erfahrungen häufig anderen verdanken. Sie stellen die schönen und nützlichen Dinge her, die uns das Leben angenehm machen, und sie sind das unverzichtbare Gegenüber, mit dem wir uns und die Welt entdecken.

Wer unglücklich ist, findet nur schwer Zugang zur Transzendenz. Wer sich selbst und die anderen nicht mag, vertraut nicht auf sein wahres Wesen. Wir brauchen viele Momente der Freude, bis die große Einsicht in unsere wahres Wesen dämmert. Wenn wir uns häufig freuen, mögen wir uns lieber, und wir vertrauen auch immer mehr auf diese Dimension der Klarheit und Freude in uns. Wir müssen nicht warten, bis uns schöne Erfahrungen in den Schoß fallen. Wir stimmen uns ein und nehmen die Freude als Weg. Die tibetischen Traditionen halten unsere Angst vor Freude für eines der größten Hindernisse auf dem spirituellen Weg. Wir können auch hier wieder die Übung »Sternstunden« (S. 16) aufnehmen und auf unsere Begegnungen mit Menschen beziehen. Vielleicht fällt uns dann häufiger ein, wie wir auch miteinander Anlässe für Freude suchen und schaffen können.

Übung: Sternstunden im Gespräch

... Wir denken an ein Gespräch in den letzten Tagen, bei dem wir uns, und sei es nur für Minuten, wohlgefühlt haben. Wir fragen uns: »Was genau war der Anlass für die angenehmen Gefühle? Bestimmte Worte oder Inhalte? Die ganze Atmosphäre?« Wir fragen weiter: »Was empfand ich als besonders wohltuend? Die Sinneseindrücke? Welche Sinne standen dabei im Vordergrund? War es eher ein Gefühl der Verbundenheit oder der Zuneigung? Haben wir beim Reden die ganze Welt vergessen und waren mit dem Herzen bei der Sache? Wurde mir plötzlich etwas klar? Habe ich etwas tiefer verstanden als je zuvor?« Wir denken dann an ein, zwei ähnliche Erfahrungen und stellen uns die gleichen Fragen. Zum Schluss fragen wir uns: »Kann ich in den nächsten Tagen etwas tun oder lassen, um solchen Erfahrungen mehr Raum zu geben?«

Wenn wir unseren Mitmenschen Glück wünschen, denken wir meist an wichtige Dinge des Lebens wie Gesundheit, Wohlstand, Beziehungen und Arbeit. Die Übung der Freude und Mitfreude ist ein wunderbares Heilmittel gegen Neid und Eifersucht. Sie funktioniert allerdings nur dann, wenn wir uns über unser eigenes Leben freuen können. Daher üben wir das als Erstes. Mit höchstem Glück ist im Buddhismus das Glück der Befreiung und des Erwachens gemeint. Auch das können wir unseren Mitmenschen wünschen. Wenn wir diese Gedanken nur einige Wochen auf bestimmte Menschen richten, werden wir bemerken, dass wir ihnen entspannter begegnen und Gespräche konstruktiver verlaufen. Selbst dann, wenn wir uns keine besondere Strategie überlegen. Weil unsere innere Haltung offener und freundlicher ist, finden wir andere Worte und hören anders zu.

Übung: Freude

... Wir denken an das, was gerade gut läuft in unserem Leben. Wir denken an die guten Bedingungen, die da sind, und sagen uns innerlich: »Ich freue mich, dass ich gesund bin und drei Freundinnen habe ...« Wir zählen alles auf, was uns auffällt, und freuen uns darüber.

Übung: Mitfreude

... Wir denken an eine Nachbarin oder an eine Kollegin, der es derzeit besonders gut geht. Wir überlegen, was genau da ist, und sagen innerlich: »Ich freue mich, dass du gesund bist und gut verdienst ...« Wir zählen alles auf, was uns auffällt, und freuen uns darüber.

... »Mögen alle Wesen das höchste Glück erleben.« Wir können diesen Satz zehn Minuten lang innerlich wiederholen und ihn im Herzen bewegen. Wir können ihn auch anders formulieren, für uns selbst und für bestimmte Menschen: »Möge ich das höchste Glück erleben, das Glück der Befreiung und des Erwachens. Möge X das höchste Glück erleben, das Glück der Befreiung und des Erwachens.«

27. Mitgefühl

Grenzen sind Berührungslinien.
(Ken Wilber)
Was uns nicht berührt, verwandelt uns nicht.
(C. G. Jung)

Der Dalai Lama erzählt, dass es unter den Bediensteten am Hof von Lhasa immer eine besonders unausstehliche Person gab. Warum das? Sie diente als Übungsobjekt. Wenn alle Leute nett sind, zuhause und bei der Arbeit, wenn wir gesund und wohlhabend, beliebt und anerkannt sind, was geschieht dann? Sind wir dann glücklich? Meist nicht.

Ein tibetisches Sprichwort sagt: »Wenn es unerwachten Menschen zu gut geht, wird es ihnen langweilig.« Dann sagen oder tun wir etwas Unvernünftiges, damit wieder etwas los ist. Kürzlich las ich einen Roman, in dem alle Menschen so nett zueinander waren, wie ich mir das eigentlich wünsche. Es gab keine Dramen. Ich habe ihn nach fünfzig Seiten gähnend beiseitegelegt und nach einem Krimi gegriffen.

Wie fühlen wir uns nach dem fünften Gespräch mit Kollegin Sonnenschein, die immer glücklich und zufrieden ist? Ist das nicht öde? Die Menschen in der reichen westlichen Welt scheinen sich häufig zu langweilen, und Langeweile macht unzufrieden. Die Abwesenheit von existentiellen Problemen und ein bisschen Wohlstand allein reichen nicht zum Glücklichsein. Es braucht auch Einsicht und Verbundenheit.

Zum Glück gibt es andere Menschen. Auch wenn wir relativ guter Laune sind und gerade keine größeren Katastrophen geschehen, begegnen wir immer wieder Menschen, die wir nicht mögen. Sie reden zu laut oder zu viel, zu leise oder zu wenig. Sie sind aufgeblasen oder jammern, sind zu klug oder zu dumm. Selbst wenn wir uns vornehmen, den Nächsten trotz all seiner Fehler wie uns selbst zu lieben, klappt das in der Regel nicht. Was tun? Wir können uns in Mitgefühl und Gleichmut üben.

Es ist einfacher, uns mit anderen verbunden zu fühlen, wenn wir bemerken, dass sie leiden. Wir suchen die Leiden hinter ihrem unangenehmen Verhalten. Mitgefühl ist der Wunsch, dass die Lebewesen frei werden von Leiden, denn kein Mensch will leiden und Tiere auch nicht. Der Dalai Lama beginnt seine Vorträge oft mit dem Satz: »Alle Wesen wollen glücklich sein und nicht leiden, und das ist gut und richtig.« Wenn uns die geschwätzige Kollegin auf die Nerven geht, können wir aber nicht einfach umschalten auf allgemeine oder konkrete Menschenliebe, das funktioniert nicht. Wir können uns jedoch überlegen, ob sie vielleicht mit ihrer Geschwätzigkeit eine innere Unruhe oder Ängste zudeckt. Allein der Gedanke, dass ein störendes Verhalten Ausdruck von Unsicherheit oder Angst sein könnte, öffnet unser Herz, und wir fühlen uns tiefer verbunden. Wenn wir uns verbunden fühlen, fällt die Abneigung nicht mehr so ins Gewicht, und wir können freundlicher miteinander reden.

Übung: Mitgefühl mit unangenehmen Menschen

... Wir denken an eine schwierige Begegnung aus den letzten Tagen. An ein unangenehmes Telefonat, an einen Zusammenstoß bei der Arbeit oder in der Nachbarschaft, an eine

Situation, in der wir uns geärgert haben. Wir fragen uns: »Was genau hat meinen Ärger ausgelöst? Wie habe ich reagiert? Was habe ich gesagt, getan oder gedacht? Wie hat sich mein Verhalten ausgewirkt? Auf mich und auf die anderen?« Dann fragen wir uns: »Worunter leidet die andere Person? Was ist gerade los in ihrem Leben? Was fällt ihr schwer? Was verletzt sie?« Wir wünschen ihr dann von Herzen weniger Leid, dass sich ihre Probleme auflösen und Herz und Geist offener werden mögen. Wir formulieren unsere Wünsche in für uns stimmigen Worten.

Wenn wir mit anderen Menschen zusammen leben und arbeiten, finden wir manche sympathisch, einige unsympathisch und viele sind uns gleichgültig. Wir können unsere Abwehr durch Mitgefühl mit dem Leiden der anderen oder durch eine andere Interpretation der Irritation verringern oder ganz auflösen. Wenn wir Menschen unangenehm oder komisch finden, aufdringlich oder langweilig, hat das immer auch mit uns zu tun. Diese These kann uns motivieren, im Umgang mit anderen nicht einfach nur unseren Vorlieben und Abneigungen zu folgen, sondern sie als Hinweis auf eigene Haltungen zu nehmen. Der US-amerikanische Philosoph Ken Wilber hat ein wunderschönes Bild gefunden: Grenzen sind Berührungslinien. Wir können nur dann Unterschiede feststellen, wenn wir uns berühren. Es gibt viele Menschen mit unterschiedlichen Eigenschaften in unserem Umfeld, die uns nicht irritieren. Warum nicht? Weil wir in bestimmten Bereichen keine Haken haben, mit denen wir uns verhaken, selbst wenn die anderen in diesem Bereich dicke Haken haben. In einer guten Verfassung können wir folgende Übung ausprobieren. Die Übung ist ein Testlabor oder eine Probebühne. Wir können feststellen, wo wir mit unseren Einsichten stehen. Die Übung kann uns dabei unterstützen, unangenehmen und schwierigen Begegnungen weniger auszuweichen, weil wir sie als Chance sehen, etwas über uns selbst zu lernen.

Übung: Grenzen sind Berührungslinien

... Wir denken an einen Konflikt aus den letzten Tagen und fragen uns: »Was genau hat meinen Ärger ausgelöst? Wie habe ich reagiert? Was habe ich gesagt, getan oder gedacht? Wie hat sich mein Verhalten ausgewirkt? Auf mich und auf die anderen?« Dann fragen wir uns: »Wo gibt es Berührungspunkte? Was haben wir gemeinsam?« Manchmal dauert es eine Weile, bis uns die Berührungspunkte auffallen. Wir genießen dann für einige Momente das, was uns verbindet. Wir genießen die Berührung. Dann fragen wir uns: »Wie kann ich das, was uns verbindet, bei der nächsten Begegnung spüren und ausdrücken?«

Es nützt nicht sehr viel, wenn wir diese Übungen routinemäßig, aus Pflichtgefühl und mit »kaltem« Herzen durchführen. Da Konflikte wehtun, sind Übungen mit schwierigen Menschen manchmal »leichter«, weil wir berührt sind. Wir leiden, weil uns etwas berührt, was wir noch nicht verstehen. »Was uns nicht berührt, verwandelt uns nicht«, sagte der Schweizer Tiefenpsychologe C. G. Jung.

In ihrer Analyse des Anschlags auf das World Trade Center am 11. September 2001 greift die US-amerikanische Philosophieprofessorin Martha Nussbaum Aristoteles' Definition von Mitgefühl auf. Mitgefühl entsteht demnach bei großem Leiden, ein kleiner Schnupfen reicht in der Regel nicht. Dann darf das Leid nicht nur selbst verschuldet sein. Wer betrunken gegen einen Baum fährt, wird weniger bedauert als jemand, bei dem die Bremsen versagen. Und schließlich entsteht nur dann Mitgefühl, wenn ich annehme, dass mir dieses Leid auch zustoßen könnte. Martha Nussbaums These in dem Beitrag ist: Zum ersten Mal in ihrer Geschichte als Weltordnungsmacht hat die USA nach dem 11. September eine Chance, Mitgefühl für die vielen Opfer ihrer eigenen kriegerischen Aktivitäten zu entwickeln. Jetzt wissen die Menschen in den USA, dass auch sie Zielscheibe von Angriffen sein können.

Eine indianische Weisheit besagt, dass wir nur dann andere Menschen verstehen können, wenn wir eine Woche in ihren Schuhen, in ihren Mokassins, gegangen sind. Aristoteles weist auch darauf hin, dass Mitgefühl nicht durch Nachdenken und fromme Wünsche entsteht. Wir lernen es nur im Zusammenleben mit anderen Menschen. Am einfachsten lernen wir es als Kinder.

Übung: Mögen alle Wesen frei sein von Leid

... »Mögen alle Wesen frei sein von Leid.« Wir können diesen Satz zehn Minuten lang innerlich wiederholen und ihn im Herzen bewegen. Wir können ihn auch anders formulieren, für uns selbst und für bestimmte Menschen. Die traditionelle Reihenfolge ist: Menschen, die man mag Menschen, die man wenig kennt. Menschen, die man schwierig findet. Wir sagen: »Möge ich frei sein von Leid und seinen Ursachen. Möge X frei sein von Leid und seinen Ursachen.«

Uns in das Leid anderer einzufühlen fällt uns oft leichter, als uns in ihr Glück einzufühlen. Vielleicht, weil wir mehr Leid kennen als Glück oder weil wir uns mehr auf das Leiden fixieren. Wir können unsere Konflikte miteinander aber nutzen und uns in das Leiden der anderen einfühlen. Dann empfinden wir Verbundenheit, können uns freundlicher begegnen und in die Worte finden, die unser Leid verringern und uns froh machen. Das gelingt leider nicht immer. In dem Fall üben wir Gelassenheit, und das ist das Thema des nächsten Kapitels.

28. Gelassenheit

Die Klügere gibt nach.

Wir tun unser Bestes, um unserem Selbstbild zu entsprechen und die Welt nach unseren Wünschen zu gestalten. Aber auch wenn wir uns noch so sehr darum bemühen, wir bekommen weder uns noch die Welt in den Griff. Weder im Außen noch in uns gibt es eine Instanz, die Dinge und Menschen, Erfahrungen, Gefühle und Gedanken besitzt und kontrolliert.

Wir können das nicht ertragen, und deshalb glauben wir lieber an einen allmächtigen Schöpfergott und an die Sterne, an die Gene und das Unbewusste, an die Globalisierung und die Macht der Gesellschaft. Je nach Situation glauben wir mehr an das eine oder das andere. Wir können es einfach nicht fassen, dass die Welt weder nach unserer Pfeife tanzt noch der Weisheit eines Urprinzips oder höchsten Wesens folgt.

Was können wir Sinnvolles tun, wenn die Dinge nicht so laufen, wie wir es gerne hätten? Wie wir bereits gesehen haben, brauchen wir uns nicht zu ärgern. Wenn wir Dinge, Abläufe und Menschen verändern können, sollten wir unsere Fähigkeiten und unseren Charme, unser Geld und unsere Kraft und Zeit einsetzen, um sie zu verändern. Ist das nicht möglich, brauchen wir uns auch nicht zu ärgern, da wir sie ja nicht verändern können. Wir können die beiden Möglichkeiten unterscheiden, wenn wir genau hinschauen und unsere Fähigkeiten und die der anderen realistisch einschätzen. Dazu gehört die Einsicht, dass niemand schuld ist, weil niemand die Situation wirklich im Griff hat. Und: Wir alle tun bereits unser Bestes, auch wenn das oft sehr wenig zu sein scheint. Wenn wir durch gutes Zureden uns oder andere dazu motivieren können, mehr zu tun oder anders zu handeln, um so besser. Wenn nicht, ist das eben das Bestmögliche in der Situation.

Die Einstellung, die uns zu dieser Sichtweise verhilft, wird im Buddhismus Gleichmut (Skt. *upeksha*) oder Gelassenheit genannt. Oft damit verwechselt wird Gleichgültigkeit. Gleichgültigkeit entsteht aus Angst vor Schwierigkeiten. Dann verstecken wir uns hinter einer Mauer aus Gefühllosigkeit. Wir sind enttäuscht und wehren alles ab, was die künstliche Ruhe stört. Unter der dicken Decke der Gleichgültigkeit lauern Vorwürfe und Frustration. Gleichgültigkeit schlägt leicht um in Unruhe und Ratlosigkeit. Gleichmut geht einher mit Liebe, Mitgefühl und Freude. Wer sich nicht freuen kann, ist nicht gelassen, sondern gleichgültig.

Das Bild der chinesischen Kuan Yin, eine ab dem 11. Jahrhundert weibliche Manifestation der Liebe und des Mitgefühls in der Haltung heiterer oder königlicher Gelassenheit, sagt es besser als viele Worte: Gelassenheit ist heiter und voller Würde. Sind wir gleichmütig und gelassen, gibt es keine Schuldzuweisungen und keine Täuschungen und daher auch keine Enttäuschungen. Die Welt ist, wie sie ist, und ich gehe heiter, gelassen und würdig damit um. Darüber lässt sich leicht reden, es zu leben erfordert lebenslange Übung. Aber es gibt nichts, was man nicht lernen kann, wenn man es mit ganzem Herzen übt.

Übung: Wir tun alle unser Bestes

... Wir denken an einen Konflikt, bei dem wir meinten, jemand habe sich nicht genügend eingesetzt. Wir fragen uns: »Was hat die Person nicht getan? Was hätte sie tun sollen? Was habe ich erwartet? Was hat diese Person selbst von sich erwartet? Und was von anderen?« Dann lassen wir folgenden Satz fünf Minuten auf uns wirken: »Diese Person hat ihr Bestes gegeben.« Dann denken wir an eine Situation, von der wir glauben, wir hätten uns nicht genug eingesetzt und nicht genug geleistet. Wir fragen uns: »Was habe ich nicht getan?

Die Zeit

28.7.201

Weibliche Provinzen

Es gibt eine unsichtbare Hälfte der Geschichte, die literarisch so unbekannt ist wie die andere Hälfte des Mondes. In diesen Dunkelkammern gingen die Frauen, unbeobachtet von Literatur und Geschichtsschreibung, ihren Alltagsgeschäften nach, gebaren Kinder, ergatterten Törtchen im Sonderangebot und schoben ihre betrunkenen Männer ins Bett. Die polnische Autorin Joanna Bator folgt in ihrem großartigen Familienroman *Sandberg* vier Frauengenerationen in diese tiefer gelegenen und bisher wenig beachteten Wirklichkeitsetagen des 20. Jahrhunderts, in die sich hauptamtliche Familienepen wie die *Buddenbrooks* oder der *Turm* nie hinabbegeben haben.

Im »Sandberg«, einer verfallenen Plattenbausiedlung in Westpolen, landet Bators Heldenfamilie als Strandgut der großen Umsiedlungsgeschichte. Die Männer verschwinden in den niederschlesischen Kohleminen. Die Frauen führen den Kampf um das Kleingedruckte des Lebens. Ein großes Epos aus den abgelegenen Provinzen Europas und des Herzens, ein erstaunliches Lesevergnügen.

IRIS RADISCH

Joanna Bator: Sandberg
A. d. Poln. u. mit einem Nachwort v. Esther Kinsky;
Suhrkamp Verlag, Berlin 2011; 489 S., 26,90 €

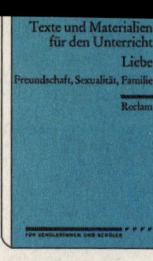

**Bettina Buss-mann (Hrsg.):
Texte und
Materialien für
den Unterricht:
Liebe**
Reclam Verlag,
Stuttgart 2011;
167 S., 4,80 €
. . . .

aus sehr unterschiedlichen Textsorten drin, darunter das Grundgesetz und ein Gedicht von Robert Gernhardt. Ich denke, das ist gut so, denn dieses Thema einseitig zu beleuchten hieße, es gründlich zu verfehlen.

Mit erhabener Einseitigkeit ragt der katholische Katechismus hervor. Virtuos und mit hartem Anschlag spielt der Katholizismus auf der Klaviatur der Sünde. Er versündigt alles, was die Menschen einander jüngst unter dem Titel »Emanzipation« beigebracht haben: »freie«, folgenlose Liebe, ungeregelter Genuss. Das ist dem Katecheten »Unzucht«: »Unzucht ist die körperliche Vereinigung zwischen einem Mann und einer Frau, die nicht miteinander verheiratet sind.« Da reden wir noch gar nicht von Homosexualität.

Was am Katechismus fesselnd ist, ist das Wort »Ordnung«. Diese Gläubigen setzen im Vorhinein auf Ordnung und nicht etwa auf einen halbwegs ordentlichen Umgang mit der unvermeidlichen Liebesunordnung. Geradezu panisch weichen sie der Möglichkeit aus, dass das Fleisch schwach sein könnte. In ihren Reihen folgen sie einer solchen Schwäche nicht selten, aber als Dogmatiker werden sie unverschämt: »Die Ehescheidung ist ein Verstoß gegen das natürliche Sittengesetz.« Die Ordnung ist dreifach abge-

Was hätte ich tun sollen? Was habe ich von mir erwartet? Und was von anderen?« Dann lassen wir folgenden Satz fünf Minuten auf uns wirken: »Ich habe mein Bestes gegeben.«

Übung: Mögen alle Wesen in Gleichmut ruhen

... »Mögen alle Wesen in Gleichmut ruhen.« Wir können diesen Satz zehn Minuten lang innerlich wiederholen und ihn im Herzen bewegen. Wir können ihn auch anders formulieren, für uns selbst und für bestimmte Menschen. Die traditionelle Reihenfolge ist: Menschen, die man mag. Menschen, die man wenig kennt. Menschen, die man schwierig findet. »Möge ich in Gleichmut ruhen, ohne an angenehmen Erfahrungen zu hängen und unangenehme Erfahrungen abzuwehren, ohne Parteilichkeit. Möge X in Gleichmut ruhen.«

Liebe, Mitgefühl, Freude und heitere Gelassenheit verwandeln die Stahlhaken unserer Muster in Gummihaken. Wir haben weiterhin Vorlieben und Abneigungen, aber sie fesseln uns und andere nicht mehr so sehr. Und wenn wir uns begegnen, können wir miteinander den Hakentanz tanzen.

Acht: Worte der Wahrheit

Im letzten Abschnitt geht es um viererlei heilende Worte. Worte der Wahrheit wirken Wunder, wenn wir uns mit Wertschätzung begegnen und sie auch ausdrücken. Lieder und Gedichte, traditionelle und eigene Gebete und schöne Zitate wirken Wunder, wenn wir sie mit Hingabe und Vertrauen lesen, rezitieren und singen. Große Worte und heilige Schriften, Mantren und Versprechen geben Herz und Geist Orientierung in guten und schlechten Zeiten. Bewusste Stille und Schweigen zeigen uns die innewohnende Kraft. Das letzte Kapitel betont noch einmal, wie kleine Gesten und einfache Worte das Leben leichter machen.

29. Worte wirken Wunder

Danke. Keine Beschwerde.

In diesem Kapitel möchte ich sechs einfache Übungen vorstellen, die mir persönlich sehr helfen.

Es sind vier Sätze von Ira Byock und je eine Übung von Marshall Rosenberg und Thich Nhat Hanh, die diese auch in Gruppen mit politischen Gegnern, die sich verständigen wollen, erfolgreich einsetzen.

Die vier Sätze, die Ira Byock in ihrem Beziehungsratgeber *Four Things That Matter Most* vorstellt, lauten: »Verzeih mir. Ich verzeihe dir. Danke. Ich mag dich.« Zwei davon haben mit Verzeihen zu tun. Die anderen beiden mit Dank und Zuneigung.

Wenn wir verstehen, dass wir gute Beziehungen nicht erzwingen, sondern nur schätzen und pflegen können, können uns die vorgeschlagenen Übungen dabei helfen. Wie Meditationsübungen entstehen auch Übungen in Ratgebern aus der

Praxis. Sie haben bestimmten Menschen geholfen, aus einer Krise herauszufinden und wieder Vertrauen zu sich und anderen zu fassen. Es gibt keine Übung, die für alle Menschen in allen Lebensphasen und zu allen Zeiten funktioniert. Wir probieren aus, was für uns funktioniert, und freuen uns, wenn wir positive Wirkungen sehen.

Eine japanische Zen-Nonne unserer Zeit übt und lehrt eine einzige Übung. Was auch geschieht, sie sagt: »Danke. Keine Beschwerde.« Ein Schüler ist davon völlig begeistert und will das auch üben. Sie lächelt und sagt: »Gut. Übe mit diesem Satz.« Nach einem Jahr kommt er wieder zu ihr ins Kloster, bittet um ein Gespräch und sagt mit mühsam gebändigter Aufregung und Enttäuschung: »Ich habe das jetzt ein Jahr geübt, und es funktioniert überhaupt nicht.« Die Nonne lächelt und sagt freundlich: »Danke. Keine Beschwerde.«

Ich habe vor vielen Jahren an einem Projekt mitgearbeitet. Wir trafen uns mehrmals im Jahr für einen halben Tag und besprachen unsere Zwischenergebnisse. Eine Person war eher pessimistisch und hatte immer viel zu kritisieren. Ich konnte auch ihre guten Eigenschaften sehen, die kamen aber nicht so recht zum Ausdruck. Auch mit Charme konnte ich nichts ausrichten, und so blieb ich einfach höflich. Was immer sie kritisierte, ich hörte zu und bemühte mich, freundlich und konstruktiv zu bleiben. Ich bedankte mich für ihre Mitarbeit und sagte, dass ich ihre Beiträge schätze, und ich meinte das auch so. Sie schien es kaum zu hören und blieb eher kühl und zurückhaltend. Zu der Zeit war ihre Schwester krank, und so fragte ich sie hin und wieder nach deren Wohlergehen. Zwei Jahre nach dem erfolgreichen Abschluss des Projekts erhielt ich einen Brief, in dem sie mich über ein Folgeprojekt informierte. Im Nachsatz schrieb sie: »Ich möchte dir auch noch danken für die gemeinsame Zeit in dem Projekt. Ich habe mich durch dich immer unterstützt gefühlt.« Meine Worte waren angekommen, mitsamt der freundlichen Haltung. Es hat nur ein paar Jahre bis zur Rückmeldung gedauert. Ihre Worte kamen auch bei mir an. Ich freue mich immer noch darüber.

Ira Byock schlägt in ihrem Buch vor, diese vier Sätze nicht nur zu denken, sondern sie unseren liebsten Menschen auch zu sagen. Anderen häufiger für ihre Arbeit und ihren Beistand zu danken fällt uns nicht besonders schwer. Sagen, dass wir sie gerne haben, fällt uns vermutlich schwerer. Dann üben wir es zunächst einmal »meditativ« im stillen Kämmerlein. Wir können die Übung zum Thema Verzeihen (19. Kapitel) als Vorbereitung auf ein Gespräch nutzen. Wir spielen die Situation einige Male durch und versuchen dann unser Glück im tatsächlichen Gespräch. Wenn es klappt, freuen wir uns, wenn nicht, nehmen wir einen zweiten Anlauf.

Für die vier wunderbaren Worte oder Sätze von Ira Byock gilt: Wenn uns ein Gespräch nicht angemessen scheint, weil die Mutter schon zu alt und die Kollegin nicht offen dafür ist, bleiben wir bei der meditativen Übung. Auch die Worte, die wir nur im eigenen Herzen sprechen, wirken Wunder. Unsere Mitmenschen spüren freundliche Gedanken, und mit der Zeit verändern sich auch unsere Worte und Gesten. Die Reihenfolge für die Übungen in diesem Kapitel ist dieselbe wie in den Kapiteln 25 bis 28: Zunächst denken wir an Menschen, die wir mögen, dann an die, die wir weder mögen noch ablehnen, und schließlich an Menschen, die wir nicht mögen. Beginnen Sie mit kleinen Problemen. Mit etwas Vertrautheit können Sie sich auch an schwierige Beziehungen und Menschen, die Sie sehr ablehnen, wagen.

Wir können alle vier Übungen auch mit uns selbst durchführen. Das hilft besonders dann, wenn wir gerne an uns herumnörgeln, Stärken für selbstverständlich halten und uns Schwächen nicht verzeihen können. Beginnen Sie in dem Fall mit der

Übung: *Ich verzeihe mir selbst* (S. 113) oder mit der Übung: *Ich mag mich*. Finden Sie eigene Fragen und Sätze für nahestehende Menschen und probieren Sie die Übung abgewandelt auch mit Kolleginnen und Freunden, Nachbarn und Bekannten aus.

Übung: Ich mag mich

... Denken Sie an eine Ihrer Stärken und sagen Sie zu sich selbst: »Ich schätze das. Ich mag mich.« Denken Sie an eine Schwäche und sagen Sie: »Ich mag mich, so wie ich bin. Ich bin in Ordnung. Ich bin gut genug.«

Vier Übungen: Bitte verzeih mir. Ich verzeihe dir. Ich danke dir. Ich mag dich.

... Marshall Rosenberg lehrt in seiner Gewaltfreien Kommunikation, weniger aggressive »Wolfssprache« und mehr freundliche »Giraffensprache« zu gebrauchen. Statt: »Hau ab. Halt die Klappe. Du nervst. Wie kann man nur so blöd sein!«, sagen wir beispielsweise. »Ich möchte jetzt gehen. Bitte höre mir zu. Ich möchte gerne eine Pause machen. Das verstehe ich nicht.« Ich habe seine vier Vorschläge hier als meditative Übung formuliert, mit der wir uns auf ein schwieriges Gespräch vorbereiten können, in dem wir Kritik vorbringen wollen.

Übung: Gewaltfrei reden

... Wir denken an ein bevorstehendes Gespräch und spielen es durch. Wir benennen den Auslöser: »Dein scharfer Ton hat mich verletzt.« Wir beschreiben unser Gefühl dabei, ohne die Worte »immer« und »nie« zu verwenden, zum Beispiel: »Wenn du mich kritisierst, fühle ich mich zurückgewiesen.«

Wir formulieren einen allgemeinen Wunsch: »Es würde mir helfen, wenn du auch etwas Positives über mich sagen würdest.« Dann formulieren wir eine konkrete Bitte: »Wenn du das nächste Mal etwas kritisierst, sage mir bitte zuerst etwas, was du an mir schätzt.«

Der vietnamesische Meister Thich Nhat Hanh hat die Übung »Neubeginn« (engl. *beginning anew*) für Paare und Gruppen entwickelt, damit sie lernen, Kritik achtsam und konstruktiv auszudrücken. Ich habe sie hier als meditative Übung formuliert, mit der wir uns auf ein schwieriges Gespräch vorbereiten können.

Übung: Neubeginn

... Wir denken zunächst an etwas, das wir an der anderen Person schätzen. Wir können auch an mehrere Dinge denken, die wir schätzen. Wir bitten um *Entschuldigung*, dass wir sie verletzt haben. Wir beschreiben kurz *unsere Verfassung* zum Zeitpunkt der Verletzung: »Ich war gerade müde, angestrengt und wütend.« Dann formulieren wir höflich unsere *Kritik:* »Es irritiert mich, dass du SMS liest und Handy-Anrufe annimmst, wenn wir gerade zusammen essen.«

30. Singen, beten, rezitieren

Singt eure Gebete mit schönen Melodien.
Das wringt Vertrauen aus eurer Knochen Mark.
(Yeshe Tsogyal)

Wir tun vermutlich alle unser Bestes, einigermaßen respektvoll und freundlich miteinander umzugehen. Denn wir wissen aus eigener Erfahrung: Menschen freuen ich über Komplimente und wollen weder belogen noch verleumdet werden. Das sind die Prinzipien der rechten Rede. Vielleicht verstehen wir auch, dass sich freundliche Gedanken, die wir nie aussprechen, gut auf unsere Beziehungen auswirken und möglicherweise sogar auf die ganze Welt.

In diesem Kapitel geht es um andere Formen der Rede, und zwar um Gebete und Lieder, Gedichte und Prosatexte. Ich möchte Sie in diesem Kapitel dazu anregen, ihre Lieblingsgedichte wieder zu lesen, selbst Gedichte zu schreiben und sich an Kindergebete und Volkslieder, Kirchengesänge und Popsongs, an schöne Texte und Erzählungen aus Ihrer Jugend zu erinnern. Wenn wir Verse auswendig können, klingen sie auch auf dem Weg zur Post und beim Einkaufen in uns. Lieder begleiten uns sogar in den Schlaf. Sie sprechen zu unserem Herzen, und sie fallen uns auch dann ein, wenn wir müde und krank, schlecht gelaunt und ängstlich, wütend und irritiert sind.

Es gibt nach meiner Erfahrung zwei Arten von Blockaden gegen das Singen. Die einen mögen nicht singen, weil das nach Klampfe spielender Hitlerjugend und Pfadfinderleben klingt, und bei den anderen wecken Lieder unangenehme Assoziationen an die Kirche. Zum Glück gibt es in Deutschland eine starke Chortradition. In Spanien wirkt vor allem das Kirchentrauma. Seit Anfang der neunziger Jahre unterrichte ich in Spanien. Ich habe vor kurzem in einem Wochenendkurs einige Meditationstexte, die wir in deutschen Kursen gerne singen, auf Spanisch übersetzt und mit dem Kurs gesungen. Eine Teilnehmerin erklärte mir anschließend die ambivalente Reaktion einiger Personen. In Spanien hat die katholische Kirche Franco und sein Regime bis zu seinem Tod 1975 offen unterstützt. Wenn ein Lied auch nur entfernte Assoziationen an Kirchenlieder weckt, entsteht deshalb bei vielen eine Abwehr.

Wenn die Abwehr gegen das Singen bei Ihnen zu groß ist, könnten Sie es erst einmal mit Gedichten versuchen.

Mein Vorschlag ist: Lesen Sie jede Woche ein Gedicht und lernen Sie ab und zu eins auswendig. Schreiben Sie selbst Gedichte und neue Texte zu Lieblingsmelodien. Singen Sie in einem Chor mit und singen Sie beim Putzen und Aufräumen, beim Kochen und Spazierengehen. Es ist sehr schwer, beim Singen schlechter Laune zu bleiben. Die Yogini Yeshe Tsogyal hat im 8. Jahrhundert ihren tibetischen Landsleuten das Singen ganz besonders ans Herz gelegt, weil es Vertrauen weckt: in die Lehren und Übungen und in die innere Weisheit. Sie hat es mit einem drastischen Bild beschrieben: »Singt eure Gebete mit schönen Melodien. Das wringt Vertrauen aus eurer Knochen Mark.« Der spirituelle Weg umfasst Herz und Verstand, und das Singen öffnet das Herz und weckt Vertrauen.

Übung: Lieblingsgedichte und Lieder

... Nehmen Sie sich zehn Minuten Zeit und denken Sie an Lieder und Gedichte, die Sie im Leben begleitet haben. Nehmen Sie einen Gedichtband zur Hand und lesen Sie ein Gedicht laut. Schreiben Sie ein Gedicht ab und hängen Sie es an die Zimmertür.

Wenn Sie »beten« können, dann denken Sie jeden Abend vor dem Schlafengehen an Ihre Herzensanliegen. Ich schlage in meinen Kursen vor, morgens und abends am Ende der Meditation drei aktuelle Herzenswünsche zu formulieren. Sie brauchen dafür keinen bestimmten Adressaten. Sie müssen weder an den lieben Gott noch an die Grüne Tara glauben, die in der tibetischen Tradition für die Wunscherfüllung »zuständig« ist. Es reicht, wenn sie sich Ihrer Wünsche bewusst werden und sie formulieren. Sie dürfen sich alles wünschen, sofern es niemandem schadet, und auch jeden Tag etwas anderes: Eine neue Wohnung, eine zurückhaltendere Kollegin, die Heilung einer

Krankheit, die Auflösung eines Konflikts oder eine neue Liebe. Sie können für sich und für andere beten. Formulieren Sie ihre Wünsche konkret. So wird Ihnen klar, was sie wirklich wollen.

Wenn wir unsere Wünsche formulieren können, klären sich unsere Prioritäten. Wir denken über das nach, was uns wichtig ist, und stehen dazu. Und – wir halten die Erfüllung für möglich. Besonders das löst innere Blockaden auf, die die Erfüllung unserer Wünsche verhindern. Mit dem folgenden Satz sind Sie auch vor unsinnigen Wünschen geschützt: »Mögen diese Wünsche in Erfüllung gehen, wenn es das Beste für alle Beteiligten ist.« Ein solches Gebet hat nicht nur psychologische Wirkung. Es wird zu einem Weg, der uns zu unserem wahren Wesen führt. Es stärkt unsere Verbundenheit mit allen Wesen, wenn wir ihnen zum Abschluss der Übung Glück wünschen. Die traditionelle Formel lautet: »Mögen alle Wesen glücklich sein.«

In Indien heißt es: »Alle Wünsche gehen in Erfüllung.« Unser jetziges Leben ist demnach das Ergebnis unserer Wünsche. Unsere Wohnung, die Möbel und die Bücher, Zimmerpflanzen, Kinder und unsere Liebsten sind handfeste Ergebnisse früherer Wünsche. Wenn das so ist, sollten wir uns darüber klar werden, was wir uns wirklich wünschen. Wenn es nicht so ist, klären wir durch die Übung unsere Prioritäten.

Übung: Meine drei Herzenswünsche

... Wir setzen uns einige Minuten still hin und folgen unserem natürlichen Atemrhythmus mit den Worten: »Ja zum Leben. Danke fürs Leben.« Dann überlegen wir uns drei Dinge, die uns derzeit am Herzen liegen. Wir formulieren sie als Wünsche und schließen die kleine Übung ab mit dem Satz: »Mögen diese Wünsche in Erfüllung gehen, wenn es das Beste für mich und alle Beteiligten ist. Mögen alle Wesen glücklich sein.«

Ich habe mir vor Jahren angewöhnt, vor dem Einschlafen und bei anderen Gelegenheiten die »vier himmlischen Gefühle« aufzusagen. Wenn ich mich irgendwo anlehne, und sei es auf dem Sofa oder im ICE, dann tauchen diese Sätze auf. Sie können sie auswendig lernen und eine Woche lang jeden Tag vier, fünf Mal laut oder innerlich sagen und dann beobachten, wie sich das innere Klima verändert. Worte wirken Wunder, und nicht nur dann, wenn andere sie hören.

Übung: Die vier himmlischen Gefühle

... Mögen alle Wesen glücklich sein.
Mögen alle Wesen frei sein von Leid.
Mögen alle Wesen das höchste Glück erleben.
Mögen alle Wesen in Gleichmut ruhen.

31. Die Macht der Worte

Tat Tvam Sai. Das bist du.
(Upanischaden)
Die wahre Natur ist ewig, freudig und rein.
(Kannon Sutra)

Ein tibetisches Mädchen im indischen Darjeeling war krank. Die Mutter rief zunächst einen westlichen Arzt. Er untersuchte das Kind, wusste ihm aber nicht zu helfen. Da bat die Mutter eine alte, etwas eigenwillige tibetische Nonne, Mantren für das Kind zu rezitieren. Der Arzt war noch im Haus, als die Nonne sich ans Bett setzte und das Mantra der Grünen Tara murmelte: *Om tare tuttare ture soha*. Frei übersetzt bedeutet das: »Oh Tara, oh du freie Frau, die schnell hilft. Ehre sei dir.« Der Arzt schimpfte über die abergläubischen Tibeter. Die Nonne lächelte ihn vielsagend an und sagte mit sanfter Stimme: »Du hirnloser Dummkopf, du hast doch keine Ahnung vom Heilen.« Der Arzt schnappte nach Luft und rief mit rotem Kopf: »Das, das, das ist eine Unverschämtheit …« Die Nonne sagte immer noch lächelnd: »Wenn ein kleiner Satz dich so ärgern kann, dann werden meine Mantras auch etwas bewirken.« Der Arzt verbeugte sich vor der Nonne und ging nachdenklich nach Hause.

Die indische Tradition lehrt »Worte der Wahrheit« oder »Große Worte« (Skt. *satya vakya, maha vakya*). Sie führen uns zu unserem wahren Wesen. In den weltlichen Kulturen der Moderne spielen sie kaum noch eine Rolle. Manchmal schwört man noch »bei Gott« und legt dann die Hand auf die Bibel. Bei der Hochzeit spricht man das Ja-Wort aus ganzem Herzen, aber der Satz »bis dass der Tod Euch scheidet« ist für viele nur noch ein frommer Wunsch. Selbst Flüche haben ihre Kraft verloren und versetzen kaum noch jemanden in Angst und Schrecken. Eltern segnen ihre Kinder nicht mehr, wenn sie auf eine lange Reise gehen oder das Haus verlassen. Können wir die Macht der Worte wieder entdecken oder ist ihre Zeit vorbei?

Wenn wir »Worte der Wahrheit« laut sprechen oder innerlich aufsagen, wenden wir uns Aussagen oder Lautfolgen zu, die in tiefer Meditation entstanden sind. Sie wurden einst aus einer Erfahrung der Tiefendimension gesprochen, und dahin können sie uns wieder führen. Buddhistische Mantren und Verse sind Große Worte, und auch jüdische Psalmen und Stellen aus der Bibel und manche Gedichte. Wir können sie singen und rezitieren, murmeln und still im Herzen bewegen. Große Worte bringen eine Einsicht auf den Punkt: »Mögen alle Wesen glücklich sein«, sagt der Buddha. »Tat Tvam Asi. Das bist du«, heißt es in den Upanischaden. Es bedeutet: Das Unfassbare, das Göttliche, bist du, der Mensch, auch. »Das Auge, in dem ich Gott sehe, ist dasselbe Auge, darin mich Gott sieht«, sagt Meister Eckhart.

Was bedeutet es, meditativ mit Sätzen zu üben und einen Satz im Herzen zu bewegen? Wir können ihn so umformulieren, dass er für uns stimmt, und ihn dann rhythmisch sprechen. Wenn er uns tief berührt, entsteht ein Gefühl der Offenheit, Klarheit oder Freude. Dann hören wir auf, ihn zu sagen, und genießen das Gefühl der Offenheit und Freude und »ruhen« darin. Wenn das Gefühl nachlässt, sagen wir den Satz wieder einige Momente oder sogar Minuten. Wir brauchen nicht mit aller Aufmerksamkeit dabei zu bleiben. Der Satz sinkt durch die Wiederholung in die Tiefe und weckt die innere Weisheit. Wenn Sie gerne und entspannt mit dem Atemrhythmus meditieren und mit dieser Art Übung vertraut sind, können Sie den Satz im Rhythmus des Atems sprechen. Falls Sie das anstrengt, sprechen Sie ihn einfach so.

Wir verstehen Große Worte nicht dadurch tiefer, dass wir sie ständig mit wachem Verstand bedenken. Der Verstand zeigt nur die Richtung, und der ganze Mensch geht den Weg. Große Worte sind Ausdruck des Ruhens im wahren Wesen, und dahin führen sie uns, wenn wir sie im Herzen bewegen. Lesen Sie Große Worte und heilige Schriften immer wieder. Reservieren Sie sich einen Abend in der Woche, einen ganzen Tag oder ein Wochenende für das Lesen schöner Gedichte und heiliger Texte. Sie können zwischendurch meditativ gehen, eine Atemmeditation und die Übung »Sternstunden« durchführen und immer wieder einen Text lesen und auf sich wirken lassen. Sie brauchen dazu nicht immer wach und munter zu sein. In tibetischen Meditationsmanualen heißt es: »Wenn du müde wirst, rezitiere das Mantra.« Wenn wir Große Worte mit Wertschätzung sprechen und lesen, berühren sie unser wahres Wesen.

Übung: Schöne Texte und heilige Schriften

... Schauen Sie Ihren Bücherschrank durch und legen Sie Ihre »heiligen« Texte auf einen großen Tisch. Welche Texte haben Sie gelesen? Welche Texte sprechen zu Ihrem Herzen? Welche Passagen können Sie auswendig? Welche Bücher würden Sie gerne in einem Lese-Retreat langsam und genussvoll lesen? Wann machen Sie den ersten oder den nächsten meditativen Lesetag?

Wir verstehen Große Worte besser, wenn wir sie im Schweigen hören. Rituelles Schweigen wird in allen meditativen Traditionen gelehrt. Am Anfang finden die meisten das Schweigen in einer Gruppe komisch und unsozial, unhöflich und künstlich. Nach kurzer Zeit ist es für fast alle eine überaus wohltuende Erfahrung, sich während der Übungswoche nicht darstellen und den Geschichten der anderen nicht zuhören zu müssen. Wenn wir nicht reden, bemerken wir leichter, was wir denken. Wir haben viel Zeit mehr und Energie, die wir sonst mit Reden verausgaben.

Eine Teilnehmerin meinte nach ihrem vierten, jeweils einwöchigen Schweigekurs: »Eine Woche im Schweigen hat für mich den gleichen Erholungseffekt wie drei Wochen Urlaub.« So preiswert und leicht kommt man sonst nicht zu drei Wochen Urlaub am Stück. Der Urlaubseffekt gehört dazu. Solange wir angespannt und müde sind, verstehen wir nur wenig. Ausgeruht und unbeschwert sinken heilige Worte und stille Übungen in die tiefsten Tiefen, und wir verstehen uns und die Welt auf andere Weise, jenseits von Worten. Depressiven und einsamen Menschen rate ich allerdings von Schweigekursen eher ab, da sie sich leicht in ihren inneren Welten verlieren. Ihnen empfehle ich eher Seminare mit kreativen und dialogischen Übungen.

Wenn wir hin und wieder für einen Vormittag, einen Tag oder eine ganze Woche bewusst schweigen, spüren wir die Kraft der Worte sehr viel deutlicher. Bewusste Phasen des Schweigens zuhause in der vertrauten Wohnung, für einen halben Tag oder ein Wochenende schärfen unsere Aufmerksamkeit für unsere

Motive und Stimmungen, Muster und Gewohnheiten. Wir können dann in einem Gespräch auch leichter zuhören und aus der Stille sprechen. Dann bewegen wir uns weniger im Bekannten und nehmen Nuancen wahr, die wir sonst übersehen.

Vor einigen Jahren leitete ich über die Jahreswende einen zehntägigen Meditationskurs für langjährige Schülerinnen. Nach vier Tagen lagen dreißig Frauen krank im Bett, und einmal saßen wir nur noch zu viert in der Meditationshalle. Zu den Vorträgen schleppte sich die Mehrheit im Schlafanzug und in die Bettdecke gehüllt. Was tun? Ich besuchte die Frauen in ihren Krankenzimmern. Die Hälfte hatte eine Darmgrippe, die andere Hälfte hustete und schnupfte und war erkältet. Ich riet ihnen, das Mantra der Grünen Tara zu rezitieren oder die »vier himmlischen Gefühle«, und zwar ohne jeden Anspruch auf Konzentration, im Halbschlaf und mit dickem Kopf. In den letzten beiden Tagen konnten fast alle wieder am Kurs teilnehmen, und die Rückmeldung war erstaunlich. Die meisten sagten, das sei ihr intensivster Meditationskurs gewesen. Noch nie hätten sie so viel verstanden und zwar mit Leib und Seele. Was war geschehen? Sie hatten jeden Anspruch auf messbaren »Erfolg« – Wachheit, begriffliches Verstehen, Konzentration – aufgegeben und gleichzeitig mit Hingabe und Vertrauen rezitiert. Diese Mischung gelingt uns selten, wenn wir wach und bewusst sind. Dann schleichen sich schnell Erwartungen ein, und sie behindern Hingabe und tiefe Einsicht. Wenn wir heilige Texte und Mantren mit Achtung und Wertschätzung rezitieren, bewirken sie auch dann Wunder, wenn wir müde sind.

Auch religiöse Versprechen und Gelöbnisse oder Gelübde sind Worte der Wahrheit. Wenn Buddhisten die fünf Laiengelübde ablegen, versprechen sie öffentlich, sich um ihre Einhaltung zu bemühen. Man kann diese Gelübde auch nacheinander ablegen, zum Beispiel jedes Jahr eins mehr. Man versucht nach besten Kräften Folgendes zu vermeiden: töten, stehlen, lügen, andere sexuell ausnutzen oder verletzen und den Geist mit Drogen und Alkohol zu verwirren. Stattdessen bemüht man sich darum, Leben zu schützen, großzügig und einfach zu leben, die Wahrheit zu sagen, Beziehungen und Gelübde zu achten und den Geist durch Meditation zu klären.

Buddhisten nehmen Zuflucht zu den Drei Juwelen, zu Buddha, Dharma und Sangha. Sie versprechen, sich in guten und schlechten Zeiten auf das Ziel – das Erwachen – auf den Weg – die Lehren und Übungen – und auf die menschlichen Vorbilder – die Erwachten »aller Zeiten und Räume« – zu verlassen. Laien- und Zufluchtsgelübde sind Große Worte. Wir sprechen sie täglich, und sie erinnern uns an Ziel, Weg und Vorbilder. Das gibt Kraft und macht Mut, vor allem in schlechten Zeiten, wenn wir uninspiriert, krank und schlecht gelaunt sind.

Wir versprechen etwas, weil wir darauf vertrauen, dass uns das die Kraft gibt, es einzuhalten. Alle Gelübde sind Versprechen. Am Beispiel der katholischen Ehe sehen wir aber auch das Dilemma Großer Worte. Alles ist unbeständig, und auch die Menschen und ihre Absichten verändern sich. Das gilt besonders für die heutige Zeit, die Zeit der zunehmenden Individualisierung. Die katholische Interpretation der Ehe als unauflösliches Sakrament scheint heute nicht mehr lebbar. Ihr anfänglicher Sinn ist deutlich. Die Ehe, »bis dass der Tod uns scheidet«, soll Kraft geben, in guten wie in schlechten Zeiten beisammen zu bleiben und nicht jeder Laune und »Versuchung« nachzugeben. Die hohe Scheidungsrate, auch kirchlich und katholisch getrauter Paare, zeigt, dass das so nicht mehr geht.

Die buddhistische Tradition hat einen anderen Weg eingeschlagen. Die Ehe ist kein Sakrament. Gelübde sind sehr wichtig, aber man kann sie zurückgeben. Ich war Novizin in der tibetischen Tradition und wollte nach zwei Jahren als Nonne im Zölibat wieder in einer Beziehung leben. Das war möglich. Wer die Gelübde nicht bricht, sondern sie bewusst »zurückgibt«, kann sie sogar zu einem späteren Zeitpunkt noch einmal ablegen, in der tibetischen Tradition insgesamt drei Mal. In einigen Ländern des südlichen Buddhismus nehmen viele – vor allem männliche Laien – für ein paar Wochen im Jahr die Mönchsgelübde. Das entspricht den christlichen Exerzitien, dem Kloster auf Zeit und den buddhistischen Übungswochen, in denen man die Laiengelübde einhält.

Die buddhistische Tradition kennt auch Gelübde für einen Tag. So können wir herausfinden, wie religiöse Versprechen auf uns wirken. Wer in den tibetischen Traditionen tantrische Einweihungen erhält, verspricht in der Regel, eine bestimmte Meditationsübung regelmäßig und für den Rest seines Lebens durchzuführen. Das schient viele in das »katholische Dilemma« zu führen. Nach meiner Erfahrung sind lebenslange Gelübde und Versprechen für die meisten Menschen aus dem Westen kaum noch möglich und daher auch nicht sinnvoll. Wenn wir uns dagegen vornehmen, einige Tage, Wochen oder Monate nicht schlecht über andere zu reden, sondern ihre guten Seiten zu sehen und anzusprechen, unterstützt uns das dabei, eine schlechte Gewohnheit abzulegen und etwas Neues und Konstruktives einzuüben.

32. Reden mit Herz und Verstand

Tu Gutes, meide das Böse und erkenne dich selbst. (Buddha)
Sei freundlich zu anderen, dann bist du auch freundlich zu dir selbst.

Kleine Geschenke erhalten die Freundschaft und kleine Gesten auch. Einfache Sätze und unscheinbare Worte stiften und nähren Beziehungen. Reden wir mit Herz und Verstand, säen wir

Samen des Glücks, die unsere Beziehungen stärken. Wir reden mit einem Herzen, das den gemeinsamen Grund von allen spürt, und mit einem Verstand, der Unterschiede, Stärken und Schwächen erkennt und berücksichtigt.

»Guten Morgen, mein Herz.« Mit kleinen Sätzen sagen wir den Menschen, die wir mögen, immer wieder, dass wir sie mögen. Auch wenn uns das selbstverständlich und daher eher überflüssig erscheint. »Schön, dass es dich gibt in meinem Leben.« Mit diesem Satz auf der Geburtstagskarte sagen wir einer Person, die wir gut kennen, dass wir sie wahrnehmen und wertschätzen. »Guten Morgen. Jetzt bringen Sie mir schon zwei Jahre die Post. Wie schön.« Mit kleinen Sätzen sagen wir Menschen, die wir nicht näher kennen, dass wir sie sehen und ihren Beitrag zu unserem Leben wahrnehmen und schätzen. »Guten Morgen, Frau Kollegin, wie war das Wochenende?« Mit kleinen Sätzen und Fragens sagen wir auch den Menschen, die wir nicht besonders mögen, dass unser Leben nicht nur aus Vorlieben und Abneigungen, aus Reibereien und Konflikten besteht, sondern aus viel mehr. Wir wissen, dass wir mehr sind als das, was wir voneinander wahrnehmen, und das sagen wir damit auch.

»Was für ein klarer Himmel, und wie die Blätter leuchten!« mit kleinen Sätzen zwischendurch und nebenbei sagen wir uns selbst und anderen, dass wir mehr sind als unsere Rollen und Funktionen, die wir füreinander haben. »Heute siehst du sehr gut aus. Der Bericht gefällt mir gut. Du hast ein wunderschönes Geschenk für die Kollegin Maier ausgesucht.« Mit kleinen Komplimenten erinnern wir uns gegenseitig an unsere guten Seiten. Alle Menschen wollen gern gesehen werden, und alle freuen sich über Lob. Wir können freundlich zu anderen sein, auch wenn wir nicht sofort eine positive Rückmeldung erhalten, oder gar keine. Sind wir nur dann freundlich, wenn es die anderen auch sind, ist das keine Freundlichkeit sondern ein Handel:

Wie du mir, so ich dir. Ich bin freundlich, damit du auch freundlich zu mir bist. Ein guter Handel ist vielleicht ein guter Einstieg, aber er macht uns abhängig vom Verhalten der anderen.

Konsequente Höflichkeit und Freundlichkeit lohnen sich langfristig aus vielen Gründen. Wir lassen uns die Stimmung von den anderen nicht verderben, säen unverdrossen Samen des Glücks und schaffen einen Vorrat an guten Situationen für schlechte Zeiten, wenn es Konflikte gibt. Wir nähren die guten Seiten der anderen und senden positive Signale aus. »Jedes Lächeln, das du aussendest, kehrt zu dir zurück«, lautet eine chinesische Weisheit. Oft kehrt das Lächeln aus einem anderen Gesicht zurück, und jemand anders sagt plötzlich lächelnd: »Guten Morgen.« Jedes Mal, wenn wir Menschen in »Gedanken, Worten und Werken« achten und wertschätzen, achten wir uns selbst. Soziales Verhalten steckt an. Wenn wir andere freundlich begrüßen und uns bedanken, lernen wir das von uns, auch wenn es vielleicht Jahre dauert.

Der Klügere gibt nach, sagt der Volksmund. Zumindest für den Moment, wenn ein Streit sich festgefahren hat. Wenn beide Seiten aufgeregt und verletzt sind, sagen wir meist das Falsche. Der Klügere fängt aber auch mit einem neuen Verhalten an, wenn er oder sie einsieht, dass das alte Verhalten die Konflikte nur verschärft. Das ist weise Selbstsucht. Wir können nicht nur aus Erfahrung lernen und aus dem bekannten Repertoire das Beste aussuchen. Wir können auch etwas Neues ausprobieren, einen neuen Anfang wagen. Vielleicht hören wir etwas länger als üblich zu und sprechen aus der Stille. Mit Worten und Gesten können wir immer wieder für ein gutes Setting sorgen, für Umstände, die das Beste in uns und anderen hervorlocken. So helfen wir einander, emotional zu reifen und erwachsen zu werden.

Vielleicht helfen wir uns sogar zu erwachen aus dem Schlaf der Unwissenheit, der unbewussten Wiederholung alter Muster. Dann entdecken wir eine weitere Ebene in dem Schlichten

Rat des Buddha: »Tu Gutes, meide das Böse und *zähme* deinen Geist.« Reden wir aus Gewohnheit und unbewusst, wie uns der Schnabel gewachsen ist, verletzen wir uns und andere immer wieder, ohne das zu wollen und aus Unachtsamkeit. Dann helfen uns Spielregeln und ethische Regeln, bewusster zu werden und unser Redeverhalten zu erkennen. Das hießt, den Geist und damit auch Worte und Verhalten zähmen.

Sind wir wacher, entdecken wir hinter Worten und Gedanken, Meinungen, Emotionen und Mustern den lebendigen Raum, in dem wir und die Welt in jedem Augenblick »geschehen«. Dann *sind* wir auch dieser Raum, das nicht-urteilende Gewahrsein oder das Zeugenbewusstsein und der Urgrund. Dann können wir Buddhas Ratschlag so übersetzen: »Tu Gutes, meide das Böse und *erkenne dich selbst.*« Das Erkennen bezieht sich auf beide Dimensionen: die horizontale Dimension der sichtbaren und hörbaren Kommunikation und der bewussten aber unsichtbaren Gedanken und Motive. Und die vertikale Dimension des gemeinsamen Grundes aller Menschen und vor allem, was es gibt, jenseits von Zeit und Raum und jenseits von Gut und Böse. Je mehr wir dieser Dimension in uns und anderen vertrauen, desto leichter können wir mit Herz und Verstand miteinander reden und das Beste aus jeder Begegnung machen. Auch wenn wir nicht alles verstehen, was gesagt und erwartet, getan und gedacht wird.

Möge dieses Buch Ihnen Mut machen, Ihr gegenwärtiges Redeverhalten zu beobachten, ohne es zu verurteilen, Ihnen Mut machen, etwas Neues zu wagen: Reden mit Herz und Verstand. Dann wirken Worte Wunder.

Anhang

Danksagung

Mein erster und »ewiger« Dank geht an meinen Herzenslehrer Lama Thubten Yeshe (1936–1984), der mich mit seinem unkonventionellen Herangehen an ein ethisches Leben, an Mitgefühl und Einsicht aus dem katholischen Dilemma der Sünde und Schuld herausgeholt hat. Ich danke meinen Freundinnen und Weggefährten, mit denen ich immer wieder Neuland erkunde und entdecke, was ich weiß und was ich nicht weiß. Ich danke meinen Mitübenden und Kolleginnen und Kollegen in buddhistischen Zentren, im Dachverband Deutsche Buddhistische Union und in der Zeitschrift *Lotosblätter* (heute *Buddhismus Aktuell*), mit denen ich lernen musste, konstruktiv zu streiten. Mein alter Stil, nachgeben und lächeln, war und ist da zum Glück nicht mehr möglich. Mit ihnen habe ich gelernt, klare Worte zu gebrauchen, ohne den Kontakt zueinander zu verlieren.

Ich danke den Teilnehmerinnen und Teilnehmern meiner Kurse und meinen engen Schülerinnen und Mitarbeiterinnen für ihre vielen Fragen über Beziehungen und ihren langen Atem beim Üben und beim Austausch darüber. Ich danke Ursula Richard vom Theseus Verlag, die das Thema vorgeschlagen, das Buch in vielen Gesprächen mit ins Leben gebracht und konstruktiv begleitet hat.

Vor allem danke ich meiner Mutter. Mit ihr habe ich reden und singen, lesen und Verse schmieden gelernt und – in der Öffentlichkeit Lieder singen und Witze erzählen.

Jütchendorf, Weihnachten 2006 und November 2009
Sylvia Wetzel

Leseempfehlungen

Weiterführende Literatur zum Thema

Ama Samy: Zen und Erleuchtung. Theseus 2005

Hannah Arendt: Ich will verstehen. Selbstauskünfte. Piper 1996/1998
- Menschen in finsteren Zeiten. Piper 1995/2001
- Das Urteilen. Texte zu Kants Politischer Philosophie. Piper 1998
- Vita Activa oder vom tätigen Leben. Piper 1971/2001
- Vom Leben des Geistes. Das Denken. Das Wollen. Piper 1971/2002
- Zwischen Vergangenheit und Gegenwart. Übungen im politischen Denken I. Piper 1994/2000

Akong Rinpoche: Den Tiger zähmen. Theseus 1993

Asfa Wossen Asserate: Manieren. Eichborn 2003

Ayya Khema: Vier Ebenen des Glücks. Jhana 1997

Martin Buber: Ich und du. Reclam 1923/1994
- Bilder von Gut und Böse. Gütersloher Verlagshaus 2003

Ira Byock: Four Things That Matter Most. Free Press New York 2002

Chögyam Trungpa: Der Mythos der Freiheit. Theseus 1989
- Den Spirituellen Materialismus durchschneiden. Theseus 1989

Surya Das: Tibetische Weisheitsgeschichten. Heyne 1995

Luce Irigaray: Genealogie der Geschlechter. Kore 1983/1988

Karl Jaspers: Einführung in die Philosophie. Piper 1953/1999
- Psychologie der Weltanschauungen. Piper 1919/1985

Jack Kornfield: Frage den Buddha und geh den Weg des Herzens. Kösel 1998

Libreria delle donne di Milano: Wie weibliche Freiheit entsteht. Oralnda 1988

Marie Mannschatz: Lieben und Loslassen. Theseus 2002

Luisa Muraro: Die symbolische Ordnung der Mutter. Campus 1993

Erich Neumann: Tiefenpsychologie und neue Ethik. Fischer 1947/1985
- Kulturentwicklung und Religion. Fischer 1953/1978

Nisargadatta Maharaj: Ich bin. 3 Bd. Context 1996–1998

Vom Mitleid, Hg. Ulrich Kronauer. Insel 1999

Martha Nussbaum: Gerechtigkeit oder das gute Leben. Suhrkamp 1999

Rainer Maria Rilke: »Stundenbuch«. Werke Bd. 2. Suhrkamp 1979

Marshall B. Rosenberg: Gewaltfreie Kommunikation. Aufrichtig und
einfühlsam miteinander sprechen. Junfermann 2001.
– Konflikte lösen durch Gewaltfreie Kommunikation. Ein
Gespräch mit Gabriele Seils. Herder Spektrum 2004.

Sharon Salzberg: Geborgen im Sein. Die Metta-Meditation. Fischer
1999

Rigdzin Shikpo: Meditation und Achtsamkeit. Theseus 1999

Christoph Spehr: Die Aliens sind unter uns. Herrschaft und Befreiung im demokratischen Zeitalter. Siedler 1999

Thich Nhat Hanh: Das Wunder der Achtsamkeit. Theseus 1988
– Fünf Wege zum Glück. Theseus 2005
– Jeden Augenblick genießen. Theseus 2005

Paul Tillich: Wesen und Wandel des Glaubens. Ullstein 1975
– Systematische Theologie. 3 Bd. Ev. Verlagswerk Stuttgart 1966

Götz W. Werner: Ein Grund für die Zukunft: Das Grundeinkom-
men. Freies Geistesleben 2006

Ken Wilber: Eine kurze Geschichte des Kosmos. Fischer Spirit 1997
– Weg zum Selbst, Kösel 1984
– Ganzheitlich handeln. Eine integrale Vision für Wirtschaft,
Politik, Wissenschaft und Spiritualität. Arbor 2001

Sylvia Wetzel:

Das Herz des Lotos. Frauen und Buddhismus. Fischer Spirit 1999

Hoch wie der Himmel, tief wie die Erde. Meditationen über Liebe,
Beziehungen und Arbeit. Theseus 1999. Als TB bei dtv

Leichter Leben. Meditationen über Gefühle. Theseus 2002. Als TB
bei Herder

Sylvia Wetzel in der Edition tara libre:

Arbeit und Muße: Hommage an Hannah Arendt. 2004

Allein und mit anderen. 2004

Poesie des Erwachens. Eins: Buddhismus. 2000

Poesie des Erwachens. Zwei: Erwachen. 2003

Poesie des Erwachens. Drei: Aus dem Abendland. 2004

CDs und Kassetten mit öffentlichen Vorträgen zum Thema Kommunikation. Bezug edition tara libre, Lindenerstr. 6, 14974 Ludwigsfelde

Das Herz des Lotos und *Leichter leben* enthalten ausführliche und kom-
mentierte Literaturempfehlungen zu vielen der in diesem Buch ange-
sprochenen Themen. Weitere Leseempfehlungen finden Sie auf der
Homepage www.sylvia-wetzel.de

*Da es inzwischen zahlreiche Möglichkeiten gibt, auch die Bücher zu erwerben,
die im Buchhandel nicht mehr regulär lieferbar sind, habe ich die Literatur-
liste der Originalausgabe für die Taschenbuchausgabe unverändert gelassen.*

Adressen

Kurse mit Sylvia Wetzel
Birgit Isemann
Postfach 101623
33515 Bielefeld
Tel. 0521/520 53 83
info@sylvia-wetzel.de
www.sylvia-wetzel.de

Informationen über buddhistische Zentren
Deutschland:
Deutsche Buddhistische Union (DBU) e. V.
Redaktion Buddhismus Aktuell
Amalienstr. 71
80799 München
Tel. 089/28 01 04
Fax 089/28 10 53
www.buddhismus-deutschland.de
www.buddhismus-aktuell.de

Schweiz:
Schweizer Buddhistische Union (SBU)
CH-8021 Zürich
Postfach 1809
info@sbu.net

Österreich:
Österreichische Buddhistische Religionsgesellschaft (Ö'BR)
Fleischmarkt 16
A-1010 Wien
Tel: ++43/1-5 12 37
office@buddhismus-austria.at
www.buddhismus-austria.org

Eigenständige Zeitschrift: Ursache & Wirkung
www.ursache.at